新 ネット時代の 中国語

JN064084

張婧禕・玉岡賀津雄・王莉莎 著

Written by Jingyi ZHANG, Katsuo TAMAOKA and Lisha WANG

ひつじ書房

WEB 音声と教授用資料の入手方法

　以下の URL または QR コードからウェブサイトにアクセスして，この教科書の🎧で示されたところを発音した音声ファイルと教授用資料をダウンロードできます。ただし，教授用使用については，パスワードが必要です。サイトの説明をみて，パスワードを請求してください。

https://sites.google.com/site/jingyizhang19/home/download

序

　『ネット時代の中国語』（旧教科書）は，2021年3月にリリースされ，わずか2年後の2023年3月には完売となりました。この間，興味を持ってくださった学習者および教育者の皆様に心から感謝申し上げます。

　旧教科書は，中国の急速なインターネット産業の成長に合わせ，ネット社会向けの語彙，表現，豆知識を充実させたものでした。2022年11月には，ChatGPTが登場し，中国語教育にも革新の波が押し寄せていると感じます。時代の変化と学習者のニーズに適応するため，内容を大幅に刷新し，『新ネット時代の中国語』（新教科書）を制作しました。

　新教科書は，発音編，入門編，初級編，中級レベルの会話・読解からなる全25課で構成され，2年間にわたって使用することを意図しています。変更点は以下の4つです。

1 語彙
中国語検定3級までの語彙を網羅し，バランスの取れた学習を通じて効率的に中国語力を強化できるよう配慮しました。

2 文法
独学でも入門レベルから中国語の文法が学べるように，各文法項目に詳細な解説を追加しました。

3 練習問題
各課の問題数を増やし，補足ドリルとして提供しました。特に，中国語検定準4級から4級レベルの出題形式に対応した補足ドリルを用意し，学習者のニーズに合わせて練習問題の数を調整しました。

4 コラム
学習者の興味を引きつつ，中国の現代社会やネット時代に関連した語彙を新たに「知っていますか？」で追加して，自主学習できるように工夫しました。

　最後に，新教科書制作にあたり，科学研究費補助金（〔日本人学習者の中国語の声調および韻律の理解を促進する背景諸要因〕，課題番号：21K13055，研究代表者，張婧禕）および宮崎大学の助成を受けましたので，この場を借りて，感謝の意を示させて頂きます。

著者一同：張婧禕・玉岡賀津雄・王莉莎

2024年1月1日

目　　次

iii

v

はじめに

普通話

　中国語というと，一般に"普通话"〔普通話〕を指します。広大な中国には北京語をはじめ多くの方言があります。また，多民族国家でもあり，民族による言葉の違いもあります。そうした違いを超えて共通に使えるのが，"普通话"です。これは，北京語音を標準の発音とし，北方方言を基礎語彙とする現代口語文の文法規範に基づいて作られました。中国語でいう"普通话"とは，一般に広く通用する言葉という意味です。1949 年 10 月 1 日に，中華人民共和国（新中国）が成立してから文字改革が行われました。そして，1950 年代から"普通话"という"简体字"〔簡体字〕の表記があてられました。発音については"拼音"〔ピンイン〕という名称の表記が定められ，公用語として学校教育に取り入れられました。こうして，"普通话"が，中国全土で通用する中国語として普及していきました。

中国語と日本語の漢字

　日本語の約 98%の漢字が中国語にもあります。中国語の漢字と日本語の漢字表記の語彙をおおざっぱに比較してみると，以下のような対応関係になります。

	日本語	中国語
日中対応関係あり 2字漢字語が約 70%使われています	椅子 公園 家具	椅子 公园 家具
日中対応関係なし	携帯 会社 襟巻き 辻 畑 峠	手机 公司 围巾

　新中国が成立して，1950 年代以降，中国大陸は簡体字を使用し始めました。しかし，中国の香港および台湾の地域では繁体字が今も使われています。この教科書で学ぶ「中国語」の漢字表記は，中国大陸で使われている"简体字"です。

これは1950年代以前に使われていた漢字の字体である**"繁体字"**〔繁体字〕の画数を減らして簡略化したものです。日本語の「常用漢字」と似たものもありますが、微妙に異なるので書くときには注意しましょう。

中国語と日本語の発音の違い

中国語は，漢字1字に対して常に1音節で発音されます。日本語の発音は仮名で示されるように拍（モーラ）が1つの単位になっています。たとえば，「漢字（"汉字"）」の「漢」は，音読みで「カン」とカタカナで書きます。これは，「カ」と「ン」の2つのカタカナで表すことができ，2拍（モーラ）です。ところが，中国語ではピンインで1つのかたまりの"hàn"と書き，1つの音節として発音します。また，"中国"という2つの漢字からなる語は，日本語では「ちゅう」と「ごく」と発音され，4拍となります。でも，中国語では"Zhōng"と"guó"という2つのかたまりとして，2音節で発音されます。

日本語				中国語	
カ	ン	ジ		hàn	zì
漢		字		汉	字
チュ	ウ	ゴ	ク	Zhōng	guó
中			国	中	国

中国語

中国語の発音を示す**"拼音"**には，ラテン文字の音声符号であるアルファベット表記が使われます。漢字ごとに音節単位で表記され，発音の補助的な手段として利用されます。また，ピンインは，電子辞書やコンピュータの入力にも使われます。一般的に，ピンインは，以下のように，**母音**，**子音**および**声調**という3つの要素からできています。

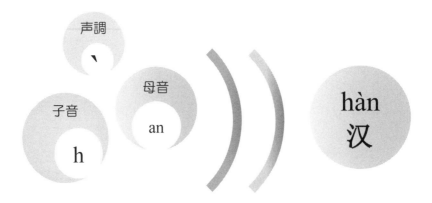

発音編

1 声調

　中国語は音の上がり下がりによって，意味が区別されます。この上がり下がりを声調といいます。4種類の声調があるので，**四声**〔しせい〕と呼ばれています。

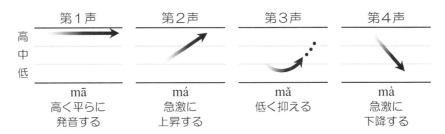

第1声	第2声	第3声	第4声
mā	má	mǎ	mà
高く平らに発音する	急激に上昇する	低く抑える	急激に下降する

Note 　声調記号は母音の上に付けます。二重母音，三重母音および鼻母音の場合，口の開きの大きい単母音の上に付けてください。つまり，**a→o→e→i→u→ü** の優先順で付けます。しかし，例外も1つあります。それは複母音 iu の場合で，声調符号が u の上に付きます。なお，i の場合は yī, huí のように，i の上の部分（・）を削除して，声調を付けます。

 2 母音　母音には，**単母音，複母音**および**鼻母音**があります。

単母音

　　　a　日本語の「ア」より口を大きく開ける

　　　o　日本語の「オ」より唇を丸くして突き出す

　　　e　日本語の「エ」の口で喉の奥から発音する

　　　i　日本語の「イ」より唇を左右に引く

　　　u　日本語の「ウ」より唇を丸くして突き出す

　　　ü　u の唇で「イ」を発音する

複母音

 【1】二重母音

　　　　　　母音₁＞母音₂　　　ai　　　ei　　　ao　　　ou
　　　　　母音₁を強く，母音₂を弱く

　　　　　　母音₁＜**母音₂**　　　ia　　　ie　　　ua　　　uo　　　üe
　　　　　母音₁を弱く，母音₂を強く

【2】三重母音

母音₁＜**母音₂**＞母音₃   iao   iou*   uai   uei*

母音₂を強くはっきり発音する

*iou, uei は子音と結合する時には，それぞれ iu, ui と書き換えます。

【3】そり舌母音

er   e を発音しながら, 舌先をそり上げる

 違いに気を付けて，以下の音節を発音しましょう。区別できますか。

(1)	u	ü	(5)	iu	ui
(2)	ia	ai	(6)	iao	ua
(3)	uai	iao	(7)	uo	ou
(4)	ie	ei	(8)	üe	er

鼻母音

an	en	ian	in	uan	uen	üan	ün
ang	eng	iang	ing	uang	ueng	ong	iong

 違いに気を付けて，以下の音節を発音しましょう。区別できますか。

(1)	in	ing	(5)	üan	uan
(2)	uan	uang	(6)	un	ün
(3)	an	ang	(7)	ian	iang
(4)	en	eng	(8)	ong	iong

 ③子音

	〔無気音〕	〔有気音〕	〔鼻音〕	〔摩擦音〕	〔有声音〕
唇音	b (o)	p (o)	m (o)	f (o)	
舌尖音	d (e)	t (e)	n (e)		l (e)
舌根音	g (e)	k (e)		h (e)	
舌面音	j (i)	q (i)		x (i)	
そり舌音	zh (i)	ch (i)		sh (i)	r (i)
舌歯音	z (i)	c (i)		s (i)	

Note ü は子音の j, q, x, y の後に来る場合，上にくる点々をとって，単に u と書きます。結果として，yü と yu の発音は，ピンインではともに yu と表記されます。また，i，u，ü から始まる音節の場合，それぞれの母音の先頭部分に子音を付けます。たとえば，

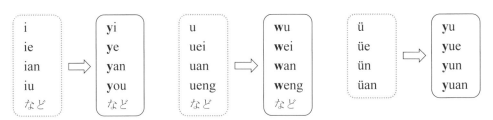

i		yi		u		wu		ü		yu
ie		ye		uei		wei		üe		yue
ian	⇨	yan		uan	⇨	wan		ün	⇨	yun
iu		you		ueng		weng		üan		yuan
など		など		など		など				

 違いに気を付けて，以下の音節を発音しましょう。区別できますか。

（1）	su	xu	xiu	shu
（2）	jia	zha	qia	cha
（3）	jin	qin	lin	min
（4）	juan	quan	zuan	cuan
（5）	pan	ban	man	nan
（6）	heng	teng	deng	geng
（7）	guai	kuai	huai	wai
（8）	qie	xie	tie	die
（9）	pei	bei	lei	nei
（10）	cun	sun	lun	hun

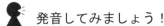 発音してみましょう！

 【1】挨拶表現①

你　好！（こんにちは。）　　　　　明天　　見！（また明日。）
Nǐ　hǎo!　　　　　　　　　　　Míngtiān jiàn!
您　好！（こんにちは。）　　　　　下周　　見！（また来週。）
Nín hǎo!　　　　　　　　　　　Xiàzhōu jiàn!
再见！（さようなら。）　　　　　请　多　关照。（どうぞよろしくお願いします。）
Zàijiàn!　　　　　　　　　　　Qǐng duō guānzhào.

【2】数字①（10 まで）

零　一　二　三　四　五　六　七　八　九　十
líng　yī　èr　sān　sì　wǔ　liù　qī　bā　jiǔ　shí

Note 数字 "2" の後ろに量詞が来ると，"liǎng" と発音し，漢字表記は **"两"** です（☞第 4 課）。

【3】曜日の言い方　数字を使って表します。ただし，日曜日は例外です。

 xīng qī **星期～** 〔～曜日〕	星期一 xīngqīyī 〔月曜日〕	星期二 xīngqī'èr 〔火曜日〕	星期三 xīngqīsān 〔水曜日〕	星期四 xīngqīsì 〔木曜日〕	星期五 xīngqīwǔ 〔金曜日〕	星期六 xīngqīliù 〔土曜日〕
	星期天 xīngqītiān 〔日曜日〕	星期日 xīngqīrì 〔日曜日〕	必要に応じて，"a, o, e" で始まる音節の前に隔音符号 "'" を付けて，前の音節との区切りを示します。			

Q：今天 星期 几？　(今日は何曜日ですか。)
　　Jīntiān xīngqī jǐ?
A：今天 星期二。　(今日は火曜日です。)
　　Jīntiān xīngqī'èr.

 【4】年齢の尋ね方　相手の年齢層によって尋ね方が違います。
〈幼い子供に〉
Q：你 今年 几 岁？　(今年は何歳ですか。)
　　Nǐ jīnnián jǐ suì?

〈若者同士や自分より目下の方に〉
Q：你 今年 多大？　(あなたは今年おいくつですか。)
　　Nǐ jīnnián duōdà?
〈目上の方に〉
Q：您 今年 多大 岁数/年纪？　(おいくつでいらっしゃいますか。)
　　Nín jīnnián duōdà suìshu/niánjì?
〈年配の方に〉
Q：您 高寿？　(おいくつでいらっしゃいますか。)
　　Nín gāoshòu

　年齢の言い方　我 今年 十八 岁。(私は今年18歳です。)
　　　　　　　　　Wǒ jīnnián shíbā suì.

④ 軽声

　軽声は，もともとの声調が失われたので，それ自体に決まった高さがありません。前の音節の高さに続けて軽く，弱く，短く発音します。また，声調記号はありません。

発音してみましょう！

【1】　親族呼称

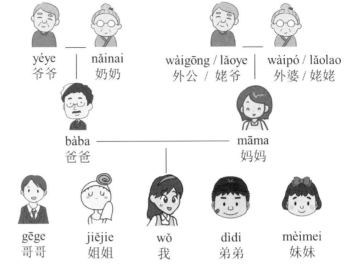

yéye　　nǎinai
爷爷　　奶奶

wàigōng / lǎoye　　wàipó / lǎolao
外公 / 姥爷　　外婆 / 姥姥

bàba　　　　　　　　　　　　māma
爸爸　　　　　　　　　　　　妈妈

gēge　　jiějie　　wǒ　　dìdi　　mèimei
哥哥　　姐姐　　我　　弟弟　　妹妹

【2】数字②（10 以上）

十一　　十二　　…　　二十　　二十一　　…　　九十九

shíyī　　shíèr　　…　　èrshí　　èrshiyī　　…　　jiǔshijiǔ

一百零一　…　一百一十　一百一十一　…　一千　…　一万　…

yìbǎilíngyī　…　yìbǎiyīshí　yìbǎiyīshiyī　…　yìqiān　…　yíwàn　…

Note　数字を発音する時のまとめ：

（2桁の場合）数字₂＋"十"（shi）＋数字₁*

（3桁の場合）数字₃＋"百"（bǎi）＋数字₂*＋"十"（shi）＋数字₁*

*数字₁は"0"である場合は，発音されません。ただし，数字₂は"0"である場合
でも，発音します。たとえば，"100"は"一百"と書き，yìbǎi と発音されます。
"101"は"一百零一"と書き，yìbǎilíngyī と発音されます。

【3】日付の言い方

Q：今天 几 月 几 号？（今日は何月何日ですか。）
　　Jīntiān jǐ yuè jǐ hào?

A：今天 八 月 二十一 号。（今日は 8 月 21 日です。）
　　Jīntiān bā yuè èrshiyī hào.

8月
21
初五
星期二

【4】金額の言い方

話し言葉：1块（kuài）＝10毛（máo）＝100分（fēn）

書き言葉：1元（yuán）＝10角（jiǎo）＝100分（fēn）

Q：多少　　钱？（いくらですか。）
　　Duōshao qián?

A：八　块　九　（毛）。（8元9角です。）
　　Bā kuài jiǔ　（máo）.

Note

ただし，中国のインフラ整備に伴い，貨幣単位の一番小さい"分"はほとんど使われなくなりました。また，話し言葉では，"八十八块八（毛）"のように，"角（毛）"は省略して表現することが多いです。

5 アル（儿）化

huā（花）という音節の後に **r** を付けて花儿（huār）のように示すことがあり，これを"儿化音"（ér huà yīn）〔アル化〕といいます。漢字表記では，漢字の"花"の後に"儿"という漢字を付けます。アル化しても，2音節になるのではなく，"儿"を接尾語として前の漢字音と併せて1音節で発音します。

花儿（huār）　小鱼儿（xiǎo yúr）〔小魚〕　一点儿（yì diǎnr）〔すこし〕　冰棍儿（bīng gùnr）〔アイスキャンディー〕

Note

アル化によって，話者の感情が表現されます。話者の好意，親しみ，その逆に蔑視などの感情が表現に含まれることになります。たとえば，冰棍儿（bīng gùnr）などのアル化は，アル化のない表現と比べて，より小さいもののイメージになります。また小鱼儿（xiǎo yúr）などは，ちっちゃな可愛い魚となり，親しみあるいは話者の好意を表します。しかし，小偷儿（xiǎo tōur）〔泥棒〕は話者の蔑視の感情を示します。

6 変調

【1】第3声＋第3声　声調の表記は変更されず，そのままです。

☛ 「第3声＋第1，2，4声」では，前の第3声は**半三声**で発音します。

3+1 好吃 hǎochī　　　　3+2 好闻 hǎowén　　　　3+4 好看 hǎokàn

〔（食べて）おいしい〕　　〔（鼻でかいで）いいにおい〕　　〔（目で見て）美しい〕

【2】 "一" と "不"

特定の漢字（"一" と "不"）の声調は，後に来る音節の声調によって変化します。この場合は，声調の表記が変わります。

yī 一	yì＋第1声/第2声/第3声
	yí＋第4声

bù 不	bù＋第1声/第2声/第3声
	bú＋第4声

発音してみましょう！

【1】 "一" と "不" の変調

一张纸	yì zhāng zhǐ	一枚の紙		不吃	bù chī	食べない
一台电脑	yì tái diànnǎo	一台のパソコン		不行	bù xíng	だめ
一把椅子	yì bǎ yǐzi	一脚の椅子		不好	bù hǎo	良くない
一辆车	yí liàng chē	一台の車		不对	bú duì	正しくない

【2】 挨拶表現②

A: 谢谢！ （ありがとうございます。）　　　A: 对不起！ （すみません。）
　　Xièxie!　　　　　　　　　　　　　　　　 Duìbuqǐ!
B: 不 客气。（どういたしまして。）　　　　 B: 没 关系。（構いません。）
　　Bú　kèqi.　　　　　　　　　　　　　　　 Méi guānxi.

違いに気を付けて，以下の音節を発音しましょう。区別できますか。

(1)	jī	zhī	jí	zhí
(2)	qī	chī	qí	chí
(3)	xī	shī	xí	shí
(4)	bào	pào	bǎo	pǎo
(5)	xián	shán	xiǎn	shǎn
(6)	hū	fū	hú	fú
(7)	tuò	duò	tuǒ	duǒ
(8)	qún	xún	qūn	xūn
(9)	nóng	lóng	nòng	lòng
(10)	kuàng	guàng	kuǎng	guǎng

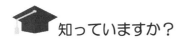 知っていますか？

　ここで代表的な中国語の検定試験を２つ紹介します。

　１つは日本**中国語検定試験**（略称：中検, http://www.chuken.gr.jp/tcp/outline.html）
です。中検は，年に３回実施されます。中検は日本人学習者の中国語能力をより
正確に測るため，「訳す」能力を重視し，それを測ることに力を入れています。
中国語読解および聴解能力の他に翻訳能力も測定するので，中検は日本の企業
での活躍を目指す方に適しているといわれています。

　もう１つは，中国政府が認定する中国語資格試験の HSK（中国語名：汉语水平
考试, http://www.hskj.jp/）です。HSK は年に複数回（最大 12 回）実施されます。
この資格試験はコミュニケーション能力の測定に特化しているため，より実用
的な中国語能力が求められます。HSK の成績は，中国国内だけではなく，日本や
世界中の国々で公的な証明とされています。そのため，中国の大学への留学や中
国企業などでの活躍を目指す方に適しているといえるでしょう。

　中国語を第２外国語として履修する際の目安として，中検と HSK の級のレベ
ルを比較すると，以下のようになります。ぜひ，チャレンジしてみてください。

試験名＼履修目安*	半年間以上	1年間以上	1年半以上	2年間以上	2年間以上	2年間以上
中検	準４級	４級	３級	２級	準１級	１級
HSK	１級	２級	３級	４級	５級	６級

初級 ➡ 上級

*第２外国語として中国語を学ぶ際の履修の目安です。

注：本書は品詞などを示すのに，以下の略語を使用しています。

名詞：名	代詞：代	数詞：数	接続詞：接
動詞：動	介詞：介	数量詞：数量	方位詞：方位
形容詞：形	量詞：量	助動詞：助動	感嘆詞：感嘆
副詞：副	助詞：助		

S：主語　　　　　V：動詞　　　　　O：目的語

入門編

第1課 你叫什么名字?

〔あなたのお名前は?〕

 下線部を入れ替えて発音してみましょう。

A: 你 好!
   Nǐ hǎo!

B: 你 好!
   Nǐ hǎo!

A 您 nín	**B** 老师 lǎoshī	**C** 大家 dàjiā
D 早上 zǎoshang	**E** 下午 xiàwǔ	**F** 晚上 wǎnshang

 会話

张 思维：你 好!
Zhāng Sīwéi:　Nǐ hǎo!
铃木 翼：你 好! 请问，你 叫 什么 名字?
Língmù Yì:　Nǐ hǎo! Qǐngwèn, nǐ jiào shénme míngzi?
张 思维：我 姓 张，叫 张 思维。你 呢?
Zhāng Sīwéi:　Wǒ xìng Zhāng, jiào Zhāng Sīwéi. Nǐ ne?
铃木 翼：我 叫 铃木 翼。请 多 关照。
Língmù Yì:　Wǒ jiào Língmù Yì. Qǐng duō guānzhào.

 新出語句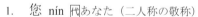

1. 您 nín 代あなた（二人称の敬称）
2. 老师 lǎoshī 名先生
3. 大家 dàjiā 名みなさん
4. 早上 zǎoshang 名朝
5. 下午 xiàwǔ 名午後
6. 晚上 wǎnshang 名夜
7. 请问 qǐngwèn お伺いしますが
8. 你 nǐ 代あなた（二人称）
9. 叫 jiào 動（名前は）～といいます。
10. 什么 shénme 代何
11. 名字 míngzi 名名前
12. 我 wǒ 代私（一人称）

13. 姓 xìng 動（名字は）～といいます。
14. 呢 ne 助～は?
15. 铃木翼 Língmù Yì 〈人名〉鈴木翼
16. 张思维 Zhāng Sīwéi 〈人名〉張思維
17. 请多关照。 Qǐng duō guānzhào.
　　どうぞよろしくお願いします。
18. 他 tā 代彼（三人称）
19. 她 tā 代彼女（三人称）
20. 它 tā 代それ（三人称）
21. 们 men 助～たち
22. 谁 shéi 代誰

文法ポイント

1 人称代名詞

	単数	複数（単数＋"们"）
1人称	我〔私〕 wǒ	我们〔私たち〕 wǒmen
2人称	你/您〔あなた〕 nǐ / nín	你们〔あなたたち〕 nǐmen
3人称	他〔彼〕/她〔彼女〕/它〔それ〕 tā / tā / tā	他们〔彼たち〕/她们〔彼女たち〕/它们〔それら〕 tāmen / tāmen / tāmen
人称疑問詞	谁〔誰〕 shéi	

☞ 2人称の"您"nín は"你"の丁寧形で，目上の人や年上の人に敬意を示す時に使います。

☞ 中国語の3人称は，性別および人間であるかどうかによって，異なる漢字を使います。彼は，"他"でtāと発音します。彼女もtāと発音しますが，"她"と書きます。人間以外のものを指す時は，"它"tāを用います。漢字表記は違いますが，発音はすべて同じです。

2 動詞述語文：名前の尋ね方

中国語の基本語順は「主語＋動詞＋目的語」になります。中国語では，名前を尋ねる時，動詞は"姓"と"叫"を使います。

動詞の"姓"：名字（姓）だけを尋ねるまたは表す場合に使います。

Q₁：你姓什么？ Nǐ xìng shénme?（名字は何といいますか。）

Q₂：您贵姓？ Nín guìxìng?（〈相手に敬意を示す〉名字は何とおっしゃいますか。）

A：我姓张。Wǒ xìng Zhāng.（私は張といいます。）

動詞の"叫"：フルネームを尋ねるまたは表す場合に使います。

Q：你叫什么名字？ Nǐ jiào shénme míngzi?（あなたの名前は何といいますか。）

A：我叫张思维。Wǒ jiào Zhāng Sīwéi.（私の名前は張思維といいます。）

名字とフルネーム両方を表す場合

A：我姓张，叫张思维。Wǒ xìng Zhāng, jiào Zhāng Sīwéi.

（私の名字は張といい，フルネームは張思維といいます。）

3 省略疑問文

日本語の「か」，「よ」，「ね」と同様に，中国語でも文末に置いて，話し手の感情や態度を表す言葉があり，語気助詞といいます。今回は語気助詞の"呢"を紹介します。**名詞**または**名詞句**の後に"呢"を付けて，省略型疑問文を作ることができます。会話の文脈によって質問内容を推測できます。

我叫张思维。你呢？ Wǒ jiào Zhāng Sīwéi. Nǐ ne?

（私は張思維といいます。あなたは？→あなたの名前は何といいますか。）

我姓铃木。你呢？ Wǒ xìng Língmù. Nǐ ne?

（私は鈴木といいます。あなたは？→あなたの名字は何といいますか。）

実践練習

1. 単語を聞き取ってその簡体字，ピンインと日本語の意味を書いてください。

　① _____ 　　　　　④ _____

　② _____ 　　　　　⑤ _____

　③ _____ 　　　　　⑥ _____

2．次の日本語を中国語に訳しましょう。

　① 彼は鈴木翼といいます。

　　_____

　② 私の名字は張で，フルネームは張思維です。

　　_____

3．次の会話を完成してください。

　A：_____!

　B：你好！我姓_____，叫_____。_____?

　A：我叫_____。请多关照。

　B：_____。

第 2 課　你是日本人吗?
〔あなたは日本人ですか。〕

 下線部を入れ替えて発音してみましょう。

A: 这　是　什么?
Zhè　shì　shénme?

B: 这　是　咖啡。
Zhè　shì　kāfēi.

A: 咖啡　多少　钱?
Kāfēi　duōshao qián?

B: 咖啡　三十二　块。
Kāfēi　sānshièr kuài

| A | 蛋糕
dàngāo | 十五　块
shíwǔ kuài | B | 红茶
hóngchá | 二十二　块
èrshièr kuài | C | 牛奶
niúnǎi | 十八　块
shíbā kuài |
| D | 铅笔
qiānbǐ | 五　块
wǔ kuài | E | 电脑
diànnǎo | 七千　块
qīqiān kuài | F | 课本
kèběn | 四十一　块
sìshiyī kuài |

 会話

张　思维: 你好! 请问，你 是 日本人 吗?
Zhāng Sīwéi: Nǐ hǎo! Qǐngwèn, nǐ shì Rìběnrén ma?

铃木　翼: 是的，我 是 日本人。你 是 哪里 人?
Língmù Yì: Shìde, wǒ shì Rìběnrén. Nǐ shì nǎlǐ rén?

张　思维: 我 是 上海人。
Zhāng Sīwéi: Wǒ shì Shànghǎirén.

铃木　翼: 你 爸爸、妈妈 也 是 上海人 吗?
Língmù Yì: Nǐ bàba、māma yě shì Shànghǎirén ma?

张　思维: 我 爸爸、妈妈 都 是 上海人。
Zhāng Sīwéi: Wǒ bàba、māma dōu shì Shànghǎirén.

 新出語句

1. 那 nà 代その；あの
2. 这 zhè 代この
3. 多少钱? Duōshao qián? いくらですか。
4. 咖啡 kāfēi 名コーヒー
5. 蛋糕 dàngāo 名ケーキ
6. 红茶 hóngchá 名紅茶
7. 牛奶 niúnǎi 名ミルク
8. 铅笔 qiānbǐ 名鉛筆
9. 电脑 diànnǎo 名パソコン
10. 课本 kèběn 名テキスト
11. 日本人 Rìběnrén 名日本人
12. 是的 shìde そうです。
13. 是 shì 動~は~である。
14. 哪里 nǎlǐ 代どこ

15. 上海人 Shànghǎirén 图上海人
16. 也 yě 副も
17. 不 bù 副〜ではない（否定を表す）
18. 都 dōu 副みんな；すべて
19. 吗 ma 助〜か（文末につく軽い疑問の助詞）
20. 中国人 Zhōngguórén 图中国人

文法ポイント

1 こそあど言葉① ものの指示　☞第7課:こそあど言葉②;第12課:こそあど言葉③

	近称	遠称	不定称
単数	这 〔この〕 zhè	那 〔その・あの〕 nà	哪 〔どの〕 nǎ
	这个 〔これ〕 zhège	那个 〔それ・あれ〕 nàge	哪个 〔どれ〕 nǎge
複数	这些 〔これら〕 zhèxiē	那些 〔それら・あれら〕 nàxiē	哪些 〔どれら〕 nǎxiē

☞ "这（个）", "那（个）" は主語として使われますが, 目的語になる時は, "这个", "那个" の形になります。

☞ 中国語の会話で, "这（个）" で質問される場合, "这（个）" で答え, "那（个）" で質問される場合, "那（个）" で答えることがよくあります。

2 動詞 "是"

「A＋"是"＋B」の形をとって,「〜は〜です」という意味を表します。

その否定は「A＋"不是"＋B」で表します。

〈肯定文〉 我是日本人。Wǒ shì Rìběnrén.（私は日本人です。）

她**也**是日本人。Tā yě shì Rìběnrén.（彼女も日本人です。）

他们**都**是上海人。Tāmen dōu shì Shànghǎirén.（彼らはみんな上海人です。）

〈否定文〉 我不是日本人。Wǒ bú shì Rìběnrén.（私は日本人ではありません。）

她**也**不是日本人。Tā yě bú shì Rìběnrén.（彼女も日本人ではありません。）

他们不**都**是上海人。Tāmen bù dōu shì Shànghǎirén.

（彼らはみんな上海人というわけではありません。）部分否定

他们**都**不是上海人。Tāmen dōu bú shì Shànghǎirén.

（彼らはみんな上海人ではありません。）全文否定

☞ "都不" は,「みんな〜ない」となり, 全文否定です。これを逆にして "不都" とすると, 部分否定になり,「みんな〜というわけではない」という意味になります。

☞ 口頭表現では, "是" を使わず,「主語＋名詞/数量」の形で, 金額, 時間, 年齢, 出身地や数量などを表す場合もよくあります。こうした, 名詞, 名詞フレーズや数量詞などが述語になる文は**名詞述語文**と呼ばれています。肯定形は "是" を使いませんが, 否定形は "不是" を使って表します。

他今年二十二岁。Tā jīnnián èrshièr suì.（彼は今年 22 歳です。）

现在两点三刻。Xiànzài liǎng diǎn sān kè.（今は 2 時 45 分です。）

☛第 7 課：時刻の表現

今天不是八月二十一号。Jīntiān bú shì bā yuè èrshíyī hào.

（今日は 8 月 21 日ではありません。）

③ "吗" 疑問文と疑問詞疑問文

中国語では，疑問を表す表現が複数あります。ここでは疑問文の作り方を 2 種類紹介します。1 つは，文末に語気助詞の "吗" を付ける "吗" 疑問文で，もう 1 つは，文末に "吗" を付けず，誰，どこ，何などのような疑問の意味をもつ単語（疑問詞）を用いる**疑問詞疑問文**です。尋ねたい部分に該当する疑問詞を入れて，**疑問詞疑問文**を作ることができます。疑問詞が文の初めに来る英語とは違い，疑問詞の位置は日本語と同じなので，語順を変える必要はありません。

〈"吗" 疑問文〉你是中国人吗？Nǐ shì Zhōngguórén ma?（あなたは中国人ですか。）

这是咖啡吗？Zhè shì kāfēi ma?（これはコーヒーですか。）

〈疑問詞疑問文〉那是什么？Nà shì shénme?（それは何ですか。）

你是哪里人？Nǐ shì nǎlǐ rén?（あなたはどこの出身の人ですか。）

你叫什么名字？Nǐ jiào shénme míngzi?（お名前は何といいますか。）

☛"吗" 疑問文を作る時，平述文の後に語気助詞の "吗" を加えます。日本語の「か」のような感じです。しかし，日本語の疑問文と違って，中国語の疑問文は，文末に必ずクエスチョンマークの "?" を付けなくてはなりません。また，疑問詞疑問文では，"吗" は使いません。

実践練習

1. 単語を聞き取ってその簡体字，ピンインと日本語の意味を書いてください。

① ⑤

② ⑥

③ ⑦

④ ⑧

2. 次の日本語を中国語に訳しましょう。

① これは紅茶ではなく，コーヒーです。

② それはミルクではありません。

_____

③ これらは鉛筆ですか。

_____

④ あなたはどこの（出身の）人ですか。

_____

⑤ あれらはテキストですか。

_____

3. 自己紹介をしてみましょう。

_____好！我姓_____，

叫_____。我是_____人。

我今年_____岁。请多关照。

・氏名
・国籍
・年齢

🎓知っていますか？

1. 澳大利亚人　Àodàlìyàrén　名オーストラ
   リア人
2. 丹麦人　Dānmàirén　名デンマーク人
3. 德国人　Déguórén　名ドイツ人
4. 俄罗斯人　Éluósīrén　名ロシア人
5. 法国人　Fǎguórén　名フランス人
6. 韩国人　Hánguórén　名韓国人
7. 加拿大人　Jiānádàrén　名カナダ人
8. 美国人　Měiguórén　名アメリカ人
9. 汤加人　Tāngjiārén　名トンガ人
10. 西班牙人　Xībānyárén　名スペイン人
11. 意大利人　Yìdàlìrén　名イタリア人
12. 印度人　Yìndùrén　名インド人
13. 英国人　Yīngguórén　名イギリス人
14. 中国人　Zhōngguórén　名中国人

第3課　最近有点儿忙。

〔最近はちょっと忙しいです。〕

  下線部を入れ替えて発音してみましょう。

A: 你们　的 作业 多 吗?
　　Nǐmen　de zuòyè duō ma?
B: 我们　的 作业 很 多。
　　Wǒmen　de zuòyè hěn duō.

A
你 的 同学　　多
nǐ de tóngxué　　duō

B
中国　的 水果　　贵
Zhōngguó de shuǐguǒ　guì

C
日本 的 冬天　　冷
Rìběn de dōngtiān　lěng

D
她们　　的 教室　　大
tāmen　de jiàoshì　dà

E
汉语 的 发音　　难
Hànyǔ de fāyīn　nán

F
你　　的 朋友　多
nǐ　de péngyou duō

汉语 的 发音 比 日语 的 难。
Hànyǔ de fāyīn bǐ Rìyǔ de nán.

A
她　　　我　　高
tā　　wǒ　　gāo

B
你 的 电脑　我　　新
nǐ de diànnǎo wǒ　xīn

C
你们 的 课　我们　　多
nǐmen de kè　wǒmen　duō

D
你们 的 教室　我们　　大
nǐmen de jiàoshì wǒmen　dà

E
日本 的 水果　中国　　贵
Rìběn de shuǐguǒ Zhōngguó　guì

F
日本 的 冬天　中国　　暖和
Rìběn de dōngtiān Zhōngguó　nuǎnhuo

 会话

铃木　翼：小张，　　最近 怎么样?
Língmù Yì:　Xiǎozhāng, zuìjìn zěnmeyàng?

张　思维：还 可以。你 呢?
Zhāng Sīwéi: Hái kěyǐ. Nǐ ne?

铃木　翼：最近 有点儿 忙，课 很 多。
Língmù Yì:　Zuìjìn yǒudiǎnr máng, kè hěn duō.

张　思维：都 是 汉语课 吗?
Zhāng Sīwéi: Dōu shì Hànyǔkè ma?

铃木 vv 翼：是的。汉语 的 发音 太 难 了，比 英语 的 难。
Língmù Yì:　Shìde. Hànyǔ de fāyīn tài nán le, bǐ Yīngyǔ de nán.

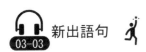 新出語句 🏃

03-03

1. 作业 zuòyè 名宿題
2. 同学 tóngxué 名クラスメート
3. 中国 Zhōngguó 名中国
4. 日本 Rìběn 名日本
5. 课 kè 名授業
6. 的 de 助の
7. 朋友 péngyou 名友達
8. 多 duō 形多い
9. 水果 shuǐguǒ 名果物
10. 贵 guì 形（値段が）高い
11. 冬天 dōngtiān 名冬
12. 冷 lěng 形寒い
   ☛第12課：热 rè 形暑い
13. 高 gāo 形高い
14. 教室 jiàoshì 名教室
15. 大 dà 形大きい☛小 xiǎo 形小さい
16. 汉语 Hànyǔ 名中国語

17. 难 nán 形難しい
18. 新 xīn 形新しい
19. 暖和 nuǎnhuo 形暖かい
20. 最近 zuìjìn 名最近
21. 怎么样 zěnmeyàng 代（相手に意見を尋ねる）いかがか；どうか。
22. 忙 máng 形忙しい
23. 还可以 hái kěyǐ 形まあまあ
24. 有点儿 yǒudiǎnr 副ちょっと；少し
25. 很 hěn 副とても
26. 汉语课 Hànyǔkè 名中国語の授業
27. 发音 fāyīn 名発音
28. 太…了。 tài …le ～すぎる
29. 比 bǐ 介～より
30. 英语 Yīngyǔ 名英語

文法ポイント 📌

1 形容詞述語文

　　形容詞がそのまま述語になるのは**形容詞述語文**です。「**主語＋副詞＋形容詞**」の語順をとって，主語の色，大きさや性質などを描写します。肯定文の場合，副詞は"**很**"がよく使われ，他に"**有点儿**"，"**太～了**"などが使われます。否定文の場合は，副詞は"**不**"などが使われます。

> ❗ 形容詞述語文における"很"：
> 　形容詞述語文の肯定文を作る際に，"很"を付けて表します。"很"は，程度副詞で，「とても」の意味です。強く発音しなければ，形容詞の飾りのようなもので，「とても」という意味を失います。たとえば，"这（个）很便宜"（これは安い）で，「とても」という意味はなくなり，単に「安い」という意味だけになります。また，"弟弟高，我矮"のように"很"が省略されると，「弟は背が高いが，私は低い」という意味になり，比較のニュアンスになります。

〈**肯定文**〉 我们的作业很多。Wǒmen de zuòyè hen duō.（私たちの宿題が多いです。）

　　　　　 汉语的发音太难了。Hànyǔ de fāyīn tài nán le.（中国語の発音は難しすぎます。）

〈**否定文**〉 我们的作业不多。Wǒmen de zuòyè bù duō.（私たちの宿題は多くないです。）

　　　　　 汉语的发音不难。Hànyǔ de fāyīn bù nán.（中国語の発音は難しくありません。）

<"吗"疑問文> 你们的作业多吗？ Nǐmen de zuòyè duō ma?

(あなたたちの宿題は多いですか。)

汉语的发音难吗？ Hànyǔ de fāyīn nán ma?

(中国語の発音は難しいですか。)

<疑問詞疑問文> 汉语的发音怎么样？ Hànyǔ de fāyīn zěnmeyàng?

(中国語の発音はどうですか。)

2 比較文①

☞第12課：比較文②

"比"を使って，比較の文を作ることができます。「A＋"比"＋B＋形容詞」の語順で，「AはBより～だ。」という意味を表します。否定は「A＋"没（有）"＋B＋形容詞」で，「AはBほど～ではない。」という意味を表します。

<肯定文> 弟弟比我高。Dìdi bǐ wǒ gāo.（弟は私より背が高いです。）

你的电脑比我的新。Nǐ de diànnǎo bǐ wǒ de xīn.

(あなたのパソコンは私のよりも新しいです。)

<否定文> 弟弟没（有）我高。Dìdi méi(yǒu) wǒ gāo.（弟は私より背が高くないです。）

你的电脑没（有）我的新。Nǐ de diànnǎo méi(yǒu) wǒ de xīn.

(あなたのパソコンは私のよりも新しくないです。)

3 連体修飾語 "的"①

☞第13課：連体修飾語 "的"②

中国語の"的"は日本語の「の」と同じように使われますが，中国語では，名詞や形容詞は，"的"を伴って他の名詞を修飾します。特に，形容詞の場合，日本語と異なって，"的"を使うことが多いです。

你的电脑 nǐ de diànnǎo（あなたのパソコン）

汉语的发音 Hànyǔ de fāyīn（中国語の発音）

実践練習

03-04 1. 単語を聞き取ってその簡体字，ピンインと日本語の意味を書いてください。

① ⑤

② ⑥

③ ⑦

④ ⑧

２．次の日本語を中国語に訳しましょう。
　　① 私のパソコンは姉のより新しいです。

　　　　_____

　　② 日本の冬は中国より暖かいです。

　　　　_____

　　③ 彼らの宿題はちょっと多いです。

　　　　_____

　　④ 英語の発音は難しいですか。

　　　　_____

　　⑤ （私の）父は最近忙しすぎます。

　　　　_____

３．次の問いに中国語で答えましょう。
　　① 你最近忙吗?

　　　　_____

　　② 汉语的发音难吗?

　　　　_____

　　③ 你们的作业多吗?

　　　　_____

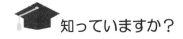 知っていますか？

1. 丹麦语 Dānmàiyǔ 名デンマーク語
2. 德语 Déyǔ 名ドイツ語
3. 俄语 Éyǔ 名ロシア語
4. 法语 Fǎyǔ 名フランス語
5. 汉语 Hànyǔ 名中国語
6. 韩语 Hányǔ 名韓国語
7. 日语 Rìyǔ 名日本語
8. 汤加语 Tāngjiāyǔ 名トンガ語
9. 西班牙语 Xībānyáyǔ 名スペイン語
10. 意大利语 Yìdàlìyǔ 名イタリア語
11. 印度语 Yìndùyǔ 名インド語

第４課　我有两台电脑。
〔私はパソコンを二台持っています。〕

 下線部を入れ替えて発音してみましょう。

A: 你 有 没有 <u>手机</u>?
　　Nǐ yǒu méiyǒu shǒujī?
B: 我 有 　　　<u>手机</u>。
　　Wǒ yǒu 　　　shǒujī.
C: 我 没有 　　<u>手机</u>。
　　Wǒ méiyǒu 　　shǒujī.

| **A** | 空调 kōngtiáo | **B** | 课本 kèběn | **C** | 橡皮 xiàngpí |
| **D** | 电脑 diànnǎo | **E** | 电子 邮箱 diànzǐ yóuxiāng | **F** | 杯子 bēizi |

A: 你 有 几 <u>套</u> <u>西装</u>?
　　Nǐ yǒu jǐ tào xīzhuāng?
B: 我 有 两 <u>套</u> <u>西装</u>。
　　Wǒ yǒu liǎng tào xīzhuāng

| **A** | 张 zhāng | 机票 jīpiào | **B** | 把 bǎ | 伞 sǎn | **C** | 个 ge | 鼠标 shǔbiāo |
| **D** | 件 jiàn | 毛衣 máoyī | **E** | 条 tiáo | 裤子 kùzi | **F** | 台 tái | 电脑 diànnǎo |

会話

铃木 翼：你 有 没有 电脑?
Língmù Yì: Nǐ yǒu méiyǒu diànnǎo?
张 思维：我 有 电脑。
Zhāng Sīwéi: Wǒ yǒu diànnǎo.
铃木 翼：你 有 几 台 电脑?
Língmù Yì: Nǐ yǒu jǐ tái diànnǎo?
张 思维：我 有 两 台 电脑。你 呢?
Zhāng Sīwéi: Wǒ yǒu liǎng tái diànnǎo. Nǐ ne?
铃木 翼：我 没有 电脑。
Língmù Yì: Wǒ méiyǒu diànnǎo.

1. 空调 kōngtiáo 名エアコン
2. 手机 shǒujī 名携帯電話
3. 橡皮 xiàngpí 名消しゴム
4. 西装 xīzhuāng 名スーツ
5. 杯子 bēizi 名コップ
6. 机票 jīpiào 名航空券
7. 毛衣 máoyī 名セーター
8. 裤子 kùzi 名ズボン
9. 鼠标 shǔbiāo 名マウス
10. 两 liǎng 数2 （量詞の前に使う）
11. 伞 sǎn 名傘
12. 有 yǒu 動持っている
　　☞否定：没有 méiyǒu
13. 几 jǐ 代いくつ
14. 词典 cídiǎn 名辞書
15. （电子）邮箱 (diànzǐ) yóuxiāng 名メールボックス
16. 杂志 zázhì 名雑誌
17. 鱼 yú 名魚
18. 苹果 píngguǒ 名リンゴ
19. 邮票 yóupiào 名切手
20. 事情 shìqing 名こと；用事
21. 狗 gǒu 名犬
22. 椅子 yǐzi 名椅子
23. 桌子 zhuōzi 名机
24. 套 tào 量スーツや切手などを数える
25. 张 zhāng 量チケットやベッドなどを数える
26. 条 tiáo 量ズボンなどを数える
27. 台 tái 量機械などを数える
28. 把 bǎ 量椅子や鍵などを数える
29. 本 běn 量本などを数える
30. 个 ge 量ものや果物などを数える
31. 件 jiàn 量服などを数える

文法ポイント 📌

1 所有表現

「人＋"有"＋（数詞+量詞）＋名詞」の語順で，「〜は〜を持っている」を表します。否定は「人＋"没有"＋（数詞+量詞）＋名詞」の語順で表します。

〈肯定文〉我有邮箱。Wǒ yǒu yóuxiāng. （私はメールボックスを持っています。）

我有两台电脑。Wǒ yǒu liǎng tái diànnǎo. （私はパソコンを二台持っています。）

〈否定文〉我没有邮箱。Wǒ méiyǒu yóuxiāng.

（私はメールボックスを持っていません。）

我妹妹没有电脑。Wǒ mèimei méiyǒu diànnǎo.

（私の妹はパソコンを持っていません。）

〈"吗"疑問文〉你有邮箱吗？Nǐ yǒu yóuxiāng ma?

（あなたはメールボックスを持っていますか。）

你有电脑吗？Nǐ yǒu diànnǎo ma?

（あなたはパソコンを持っていますか。）

〈疑問詞疑問文〉你有几个邮箱？Nǐ yǒu jǐ ge yóuxiāng?

（あなたはメールボックスをいくつ持っていますか。）

你有几台电脑？Nǐ yǒu jǐ tái diànnǎo?

（あなたはパソコンを何台持っていますか。）

2 ものの数え方：量詞①

中国語では，数詞は名詞を直接修飾することができません。必ず適切な量詞を加えて「**数詞＋量詞**」の形で連体修飾語として名詞を修飾します。たとえば，"一杯咖啡"といいます。"一咖啡"とはいいません。

量詞と名詞の組み合わせ①

量詞	ピンイン	意味	例
把	bǎ	とってのあるものを数える	sǎn， yǐzi 伞， 椅子
杯	bēi	コップ，茶碗などに入っている液体を数える	kāfēi, hóngchá 咖啡，红茶
本	běn	書籍を数える	cídiǎn, zázhì 词典， 杂志
个	ge	人数や果物などを一個，二個と数え，さまざまなものに広く使える	píngguǒ, bēizi rén 苹果， 杯子，人 ☛ 口 kǒu 🔲家族の人数を数える
件	jiàn	衣服や出来事を数える	yīfu, shìqing 衣服，事情
套	tào	スーツ，セット料理などセットになったもの	xīzhuāng, yóupiào 西装， 邮票
台	tái	機械を数える	diànnǎo, kōngtiáo 电脑， 空调
条	tiáo	くねくねと長いものを数える	kùzi, yú, gǒu 裤子，鱼，狗
张	zhāng	平らな表面を持つものを数える	zhǐ, zhuōzi 纸， 桌子
只	zhī	小動物や家畜を数える	māo, jī 猫〔ねこ〕，鸡〔鶏〕

☛指示詞と一緒に表す時，"这三本杂志"〔この3冊の雑誌〕のように「**指示詞＋量詞＋名詞**」の形をとります。

3 反復疑問文

☛第 19 課：動作の完了・実現を表す助詞"了"②

動詞または形容詞の部分を「**肯定形＋否定形**」の形で表現して，相手にどちらかを選ばせる疑問文は，**反復疑問文**です。

你有没有词典？ Nǐ yǒu méiyǒu cídiǎn?（あなたは辞書を持っていますか。）

你们的作业多不多？ Nǐmen de zuòyè duō bu duō?（あなたたちの宿題は多いですか。）

你是不是日本人？ Nǐ shì bu shì Rìběnrén?（あなたは日本人ですか。）

汉语的发音难不难？ Hànyǔ de fāyīn nán bu nán?（中国語の発音は難しいですか。）

☞ "是不是"や"难不难"の"不"は軽声の bu です。そのため，特定の声調を付けずに発音します。また，この種の疑問文では，文末に"吗"は付けません。

実践練習

1. 単語を聞き取ってその簡体字，ピンインと日本語の意味を書いてください。

04-04

①   ⑤

②   ⑥

③   ⑦

④   ⑧

2. 量詞を選択して穴埋めしましょう。

本	张	条	只	把	台	杯	个	套	件

① 一（　　　）鼠标   ⑤ 五（　　　）裤子

② 三（　　　）椅子   ⑥ 三（　　　）毛衣

③ 两（　　　）电脑   ⑦ 六（　　　）杂志

④ 一（　　　）同学   ⑧ 一（　　　）咖啡

3. 次の日本語を中国語に訳しましょう。

① あなたはパソコンを何台持っていますか。

_____

② 私はメールボックスを持っていません。

_____

③ 彼は航空券を持っていますか。（反復疑問文で）

_____

④ 彼女は傘を二本持っています。

_____

⑤ お父さんはスーツを二着持っていますか。

_____

4．次の問いに中国語で答えましょう。
① 你有几个鼠标？

_____

② 你有没有词典？

_____

③ 你有几个邮箱？

_____

④ 你有几把伞？

_____

⑤ 你的课多不多？

_____

🎓 知っていますか？

1. 笔记本电脑 bǐjìběn diànnǎo 名ノートパソコン
2. 短信 duǎnxìn 名ショートメッセージ
3. 发送 fāsòng 動送信する
4. 键盘 jiànpán 名キーボード
5. 接收 jiēshōu 動受信する
6. 密码 mìmǎ 名パスワード
7. 平板电脑 píngbǎn diànnǎo 名タブレットパソコン
8. 上传 shàngchuán 動アップロードする
9. 上线 shàng xiàn 動オンライン状態になる
10. U 盘 U pán 名USB メモリー
11. 网盘（网络硬盘） wǎngpán (wǎngluò yìngpán) 名クラウドストレージ
12. 网（络）wǎngluò 名インターネット
13. Wi-Fi 名Wi-Fi
14. 下线 xià xiàn 動オフライン状態になる
15. 下载 xiàzài 動ダウンロードする
16. 显示屏 xiǎnshìpíng 名ディスプレイスクリーン
17. 硬盘 yìngpán 名ポータブルハードディスク
18. 邮件 yóujiàn 名メール
19. 邮箱地址 yóuxiāng dìzhǐ 名メールアドレス
20. 智能手机 zhìnéng shǒujī 名スマートフォン
21. 主页 zhǔyè 名ホームページ

第5課　我家在学校附近。

〔私の家は学校の近くにあります。〕

 下線部を入れ替えて発音してみましょう。

A: <u>书店里</u>　有　<u>沙发</u>　吗?
Shūdiànli yǒu shāfā ma?
B: <u>书店里</u>　有　<u>沙发</u>。
Shūdiànli yǒu shāfā.
C: <u>书店里</u>　没有 <u>沙发</u>。
Shūdiànli méiyǒu shāfā.

A 银行里　　　　　网
yínhángli　　　　wǎng

B 桌子上　　　　课本
zhuōzishang　　kèběn

C 房间里　　　　椅子
fángjiānli　　　yǐzi

D 教室里　　　　空调
jiàoshìli　　　kōngtiáo

E 冰箱里　　　　牛奶
bīngxiāngli　　niúnǎi

F 车站　附近　　超市
chēzhàn fùjìn　chāoshì

A: <u>学校</u>　在　<u>车站　附近</u> 吗?
Xuéxiào zài chēzhàn fùjìn ma?
B: <u>学校</u>　在　<u>车站　附近</u>。
Xuéxiào zài chēzhàn fùjìn
C: <u>学校</u>　不　在 <u>车站　附近</u>。
Xuéxiào bú zài chēzhàn fùjìn

A 椅子　　　　　房间里
yǐzi　　　　　　fángjiānli

B 面包　　　　　冰箱里
miànbāo　　　　bīngxiāngli

C 手机　　　　　桌子上
shǒujī　　　　　zhuōzishang

D 你/我 的 电脑　教室里
Nǐ/ Wǒ de diànnǎo jiàoshìli

E 邮局　　　　　食堂 旁边
yóujú　　　　　shítáng pángbiān

F 公园　　　　　医院 附近
gōngyuán　　　yīyuàn fùjìn

 会话

铃木　翼: 你 家 在　学校　附近 吗?
Língmù Yì: Nǐ jiā zài xuéxiào fùjìn ma?
张　思维: 我 家 在 学校　附近。
Zhāng Sīwéi: Wǒ jiā zài xuéxiào fùjìn.
铃木　翼: 学校　附近 有　没 有　便利店?
Língmù Yì: Xuéxiào fùjìn yǒu méiyǒu biànlìdiàn?
张　思维: 学校　附近 没有 便利店。学校　附近 有 超市 和 银行。
Zhāng Sīwéi: Xuéxiào fùjìn méiyǒu biànlìdiàn. Xuéxiào fùjìn yǒu chāoshì hé yínháng.

新出語句

1. 书店　shūdiàn　名書店
2. 家　jiā　名家
3. 有　yǒu　動ある；いる ☞否定：没有 méiyǒu
4. 没　méi　副ない
5. 沙发　shāfā　名ソファー
6. 网　wǎng　名インターネット
7. 房间　fángjiān　名部屋
8. 冰箱　bīngxiāng　名冷蔵庫
9. 学校　xuéxiào　名学校
10. 在　zài　動ある；いる
11. 车站　chēzhàn　名駅
12. 附近　fùjìn　方位付近；近く
13. 邮局　yóujú　名郵便局
14. 食堂　shítáng　名食堂
15. 旁边　pángbiān　方位そば
16. 公园　gōngyuán　名公園
17. 医院　yīyuàn　名病院
18. 上　shàng　方位上
19. 里　lǐ　方位中
20. 面包　miànbāo　名パン
21. 和　hé　接と
22. 银行　yínháng　名銀行
23. 便利店　biànlìdiàn　名コンビニ
24. 超市　chāoshì　名スーパー

文法ポイント

1 方位名詞（方位詞）

　「～の中」，「～の上」などを表す時，"教室里"，"桌子上"などのように**方位詞**を使います。その場合，よく軽声で発音されます。なお，**方位詞＋"边（儿）"／"面"**で「～側」を表すことができます。

	shàng 上	xià 下	zuǒ 左	yòu 右	qián 前	hòu 后	lǐ 里	wài 外
~边（儿）bian(r)	上边（儿）	下边（儿）	左边（儿）	右边（儿）	前边（儿）	后边（儿）	里边（儿）	外边（儿）
~面 mian	上面	下面	左面	右面	前面	后面	里面	外面

> **！　中国語の場所を表す際の注意点：**
> 　中国語では，"冰箱，桌子，椅子……"などのような**モノ性**の名詞があり，"上面，后面，左边……"などのような**トコロ性**が強い名詞もあります。さらに，"教室，银行，超市……"のような**モノ性**と**トコロ性**を共有するような名詞もあります。**モノ性**の強い名詞または**モノ性**と**トコロ性**を共有する名詞を場所として表現したい場合には，"上"や"下"などの方位詞，または"上面"や"下边"などの方位名詞を付けます。

2 所在表現

　「人／物＋"在"＋場所」の語順で，「～は～にある／いる」を表します。否定は"不在"を使います。

> 银行在学校旁边。Yínháng zài xuéxiào pángbiān.（銀行は学校のそばにあります。）
> 课本在桌子上。Kèběn zài zhuōzishang.（テキストは机にあります。）
> 李老师不在教室里。Lǐ lǎoshī bú zài jiàoshìli.（李先生は教室にいません。）

③ 存在表現

「場所＋"有"＋人/物」の語順で，「〜に〜がある/いる」を表します。否定は"没有"を使います。

学校旁边有银行。Xuéxiào pángbiān yǒu yínháng.（学校のそばに銀行があります。）

我家有六口人。Wǒ jiā yǒu liù kǒu rén.

☛第4課：ものの数え方：量詞①

（私の家に家族が6人います。）

冰箱里没有牛奶。Bīngxiāngli méiyǒu niúnǎi.（冷蔵庫に牛乳がありません。）

実践練習

05-04
1．単語を聞き取ってその簡体字，ピンインと日本語の意味を書いてください。

①   ⑤

②   ⑥

③   ⑦

④   ⑧

2．次の日本語を中国語に訳しましょう。

① パソコンは私のおばあさん（母方）の家にあります。

_____

② 机には本が二冊あります。

_____

③ スーパーは学校の近くにありますか。（反復疑問文を使って表現）

_____

④ あなたの家は何人家族ですか。

_____

⑤ 銀行の近くには病院があります。

_____

3．あなたの家族とあなたの部屋を紹介してみましょう。

我家在_____。我家有____口人，_____

和我。我家有_____、_____、_____、

和_____。

初級編

第6課　我想上网查资料。

〔私はインターネットに繋いで資料を調べたいと思います。〕

 下線部を入れ替えて発音してみましょう。

A: 你 想 干 什么？
Nǐ xiǎng gàn shénme?

B: 我 想 <u>去 图书馆 看 书</u>。
Wǒ xiǎng qù túshūguǎn kàn shū.

A	坐 新干线 kāi xīngànxiàn	去 迪士尼 qù Díshìní	**B**	去 电影院 qù diànyǐngyuàn	看 电影 kàn diànyǐng
C	去 饭店 qù fàndiàn	吃 中国菜 chī Zhōngguócài	**D**	回家 huíjiā	睡觉 shuìjiào
E	去 商店 qù shāngdiàn	买 东西 mǎi dōngxi	**F**	用 手机 yòng shǒujī	打 电话 dǎ diànhuà
G	去 教室 qù jiàoshì	学 汉语 xué Hànyǔ	**H**	去 咖啡馆 qù kāfēiguǎn	喝 咖啡 hē kāfēi

 会話

铃木 翼： 小张， 你 作业 多 吗？
Língmù Yì: Xiǎozhāng, nǐ zuòyè duō ma?

张 思维： 不太 多。我 周末 想 上网 买 衣服 和 鞋子。你 呢？
Zhāng Sīwéi: Bú tài duō. Wǒ zhōumò xiǎng shàngwǎng mǎi yīfu hé xiézi. Nǐ ne?

铃木 翼： 我 作业 很 多。我 也 想 上网。
Língmù Yì: Wǒ zuòyè hěn duō. Wǒ yě xiǎng shàngwǎng.

张 思维： 你 想 上网 买 什么？
Zhāng Sīwéi: Nǐ xiǎng shàngwǎng mǎi shénme?

铃木 翼： 我 想 去 图书馆 上网 查 资料。
Língmù Yì: Wǒ xiǎng qù túshūguǎn shàngwǎng chá zīliào.

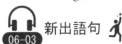 新出語句

1. 想 xiǎng 助動 ～したいと思う
2. 坐 zuò 動 （乗り物に）乗る；座る
3. 新干线 xīngànxiàn 名新幹線
4. 买 mǎi 動 買う
5. 衣服 yīfu 名服

6. 睡觉 shuì jiào 動 寝る
7. 不太 bú tài 副 あまり～ではない
8. 上网 shàng wǎng 動 インターネットをする
9. 学 xué 動 学ぶ

10. 喝 hē 動飲む
11. 电影院 diànyǐngyuàn 名映画館
12. 看 kàn 動見る
13. 电影 diànyǐng 名映画
14. 书 shū 名本
15. 饭店 fàndiàn 名レストラン
16. 吃 chī 動食べる
17. 中国菜 Zhōngguócài 名中華料理
18. 咖啡馆 kāfēiguǎn 名カフェ
19. 周末 zhōumò 名週末
20. 干 gàn 動する；やる
21. 去 qù 動行く☞来 lái 動来る
22. 图书馆 túshūguǎn 名図書館
23. 迪士尼 Díshìní 名ディズニーランド
24. 回家 huí jiā 動家に帰る
25. 东西 dōngxi 名もの
26. 用 yòng 動用いる
27. 打电话 dǎ diànhuà 電話をかける
　　　　　dǎ shǒujī
　　☞打手机：携帯で電話をかける
28. 商店 shāngdiàn 名商店
29. 鞋子 xiézi 名靴
30. 查 chá 動調べる
31. 资料 zīliào 名資料
32. 开车 kāi chē 動車を運転する

文法ポイント

1 連動文

　連動文は，同一の主語が2つ以上の動作を連続して行う場合に使われます。語順は「人＋動詞₁＋目的語₁＋動詞₂＋目的語₂…＋動詞ₙ＋目的語ₙ」になります。動詞も目的語も行動する順番に並べます。

　我去图书馆看书。Wǒ qù túshūguǎn kàn shū.（私は図書館へ本を読みに行きます。）

　我用手机打电话。Wǒ yòng shǒujī dǎ diànhuà.（私は携帯を使って電話をかけます。）

　我开车去学校上课。Wǒ kāi chē qù xuéxiào shàngkè.（私は車を運転して学校へ授業に出ます。）

☞第7課：上课〔授業に出る〕

　我想去图书馆上网查资料。Wǒ xiǎng qù túshūguǎn shàngwǎng chá zīliào.

　（私は図書館へ行ってインターネットで資料を調べたいと思います。）

2 主述述語文

　中国語では，「大主語＋小主語＋小述語大述語」のように，述語の部分がさらに「主語＋述語」という構造をとることもあります。これは主述述語文と呼ばれています。「〜は〜が〜です」と訳されることが多く，述語部分が文全体の主語の描写・形容の役割を担っています。この場合，大主語は，話題やトピックとして存在し，日本語の「象は鼻が長い」という表現と似ています。

　〈肯定文〉我作业很多。Wǒ zuòyè hěn duō（私は宿題が多いです。）

　　　　　　她课太多了。Tā kè tài duō le.（彼女は授業が多いです。）

　〈否定文〉我作业不多。Wǒ zuòyè bù duō.（私は宿題が多くないです。）

　　　　　　她课不多。Tā kè bù duō.（彼女は授業が多くないです。）

<"吗"疑問文> 你作业多吗？ Nǐ zuòyè duō ma?（あなたは宿題が多いですか。）

她课多吗？ Tā kè duō ma?（彼女は授業が多いですか。）

<疑問詞疑問文> 你最近怎么样？ Nǐ zuìjìn zěnmeyàng?（あなたは最近どうですか。）

③ 願望を表す表現①　　　　　　　　　　　☞ 第18課：願望を表す表現②

「"想" ＋動詞」の語順で，「～したい」を表します。

<肯定文> 我想买衣服。 Wǒ xiǎng mǎi yīfu.（私は服を買いたいです。）

我想买衣服和鞋子。 Wǒ xiǎng mǎi yīfu hé xiézi.（私は服と靴を買いたいです。）

<否定文> 我不想买衣服。 Wǒ bù xiǎng mǎi yīfu.（私は服を買いたくないです。）

我不想买衣服和鞋子。 Wǒ bù xiǎng mǎi yīfu hé xiézi.

（私は服と靴を買いたくないです。）

<"吗"疑問文> 你想买衣服吗？ Nǐ xiǎng mǎi yīfu ma?（あなたは服を買いたいですか。）

你想买衣服和鞋子吗？ Nǐ xiǎng mǎi yīfu hé xiézi ma?

（あなたは服と靴を買いたいですか。）

<疑問詞疑問文> 你想干什么？ Nǐ xiǎng gàn shénme?（あなたは何をしたいですか。）

実践練習

06-04　1. 単語を聞き取ってその簡体字，ピンインと日本語の意味を書いてください。

① 　　　　　　　　　　　　　　⑥

② 　　　　　　　　　　　　　　⑦

③ 　　　　　　　　　　　　　　⑧

④ 　　　　　　　　　　　　　　⑨

⑤ 　　　　　　　　　　　　　　⑩

2. 次の語句を中国語に訳しましょう。

① 映画を見る　　　　　　　　　④ 服を買う

＿＿＿＿＿＿＿＿＿＿＿　　　　＿＿＿＿＿＿＿＿＿＿＿

② コーヒーを飲む　　　　　　　⑤ 資料を調べる

＿＿＿＿＿＿＿＿＿＿＿　　　　＿＿＿＿＿＿＿＿＿＿＿

③ 図書館に行く　　　　　　　　⑥ 携帯で電話をかける

＿＿＿＿＿＿＿＿＿＿＿　　　　＿＿＿＿＿＿＿＿＿＿＿

⑦ 中華料理を食べる　　　　　　　　⑧ 新幹線に乗る

_____　　　_____

3. 次の文を中国語に訳しましょう。

① 私は新幹線でディズニーランドに行きたいと思います。

_____

② あなたは図書館へ中国語を勉強しに行きますか。

_____

③ あなたはレストランへ行って何を食べたいですか。

_____

④ 私は店に服を買いに行きたいです。

_____

⑤ （私の母方の）おばあさんは携帯で電話をかけます。

_____

🎓 知っていますか？

　中国語では，「トイレ」の呼び方はさまざまです。中国を旅すると，駅や街中の公共施設で，"卫生间 wèishēngjiān"，"厕所 cèsuǒ"，"洗手间 xǐshǒujiān"など複数の表現が見られます。その中で，"卫生间 wèishēngjiān"という表現は"厕所 cèsuǒ"よりも上品とされるためか，ホテルなどでよく使われます。会話では，"洗手间 xǐshǒujiān"を使う人もいます。一般的には，"不好意思，我去一下洗手间（すみません，ちょっとお手洗いに行ってきます）。"のように，"洗手间 xǐshǒujiān"を使うと上品な感じがします。これらの３つのトイレの表現に加えて，"化妆间 huàzhuāngjiān"という表現もあります。日本語の「化粧室」と同じ意味で，トイレに加えて化粧室の機能も備わっており，服装を整えたりや化粧直しをしたりすることもできます。上の３つの表現では，こうした機能を持ったトイレを正確に表現することができません。この表現は，おしゃれなデパートなどでよく見かけます。

　最近，"第三卫生间 dìsān wèishēngjiān"という表現も中国各地で見られるようになりました。"男卫生间"や"女卫生间"に加えて，"第三卫生间"とは一体なんでしょう。それは障害者，乳幼児を連れた人など，さまざまな目的でトイレを利用できる施設です。日本語に訳すと，「多目的トイレ」や「多機能トイレ」になります。特定の状況下で，公共のトイレが利用できない場合，たとえば，家族が一緒に外出し，一人でトイレを使えない人がいても"第三卫生间"を使うことができます。このような理由から，2016年12月に中国国家観光局は全国に"第三卫生间"の設置を促進するための通知を発令しました。それ以降，全国各地に多くの"第三卫生间"が設けられました。

第7課　我每天七点起床。

〔私は毎日7時に起きます。〕

 下線部を入れ替えて発音してみましょう。

A: 你 每天 几 点 起床?
　　Nǐ měitiān　jǐ diǎn qǐchuáng?
B: 我 每天 七 点 起床。
　　Wǒ měitiān qī diǎn qǐchuáng.

A	七 点 半 qī diǎn bàn	吃 早饭 chī zǎofàn	B	八 点 零五 分 bā diǎn língwǔ fēn	出门 chūmén
C	八 点 四十 分 bā diǎn sìshí　fēn	上课 shàngkè	D	下午 五 点 一 刻 xiàwǔ wǔ diǎn yí　kè	回家 huíjiā
E	晚上　六点 三 刻 wǎnshang liù diǎn sān kè	吃 晚饭 chī wǎnfàn	F	晚上　十 点 wǎnshang shí　diǎn	睡觉 shuìjiào

A: 你 在 哪里 学习?
　　Nǐ zài nǎlǐ　xuéxí?
B: 我 在 家 学习。
　　Wǒ zài jiā xuéxí.

A	那里 nàlǐ	洗 衣服 xǐ　yīfu	B	医院 yīyuàn	看病 kànbìng
C	超市 chāoshì	买 牛奶 mǎi　niúnǎi	D	图书馆 túshūguǎn	写 报告 xiě bàogào
E	饭店 fàndiàn	吃 晚饭 chī wǎnfàn	F	电影院 diànyǐngyuàn	看 电影 kàn diànyǐng

 会話

铃木 翼: 小张，　你 每天 几 点 起床?
Língmù Yì:　Xiǎozhāng, nǐ měitiān jǐ diǎn qǐchuáng?
张 思维: 我 每天 七 点 起床。八 点 去 学校 上课。你 呢?
Zhāng Sīwéi:　Wǒ měitiān qī diǎn qǐchuáng. Bā diǎn qù xuéxiào shàngkè. Nǐ ne?
铃木 翼: 我 每天 七 点 三 刻 起床，八 点 半 出门。
Língmù Yì:　Wǒ měitiān qī diǎn sān kè qǐchuáng, bā diǎn bàn chūmén.
张 思维: 这么 晚?
Zhāng Sīwéi:　Zhème wǎn?
铃木 翼: 不 晚。我 家 离 学校 很 近。
Língmù Yì:　Bù wǎn. Wǒ jiā lí xuéxiào hěn jìn.
　　　　　　从 我 家 到 学校 只 需要 十 分钟。
　　　　　　Cóng wǒ jiā dào xuéxiào zhǐ xūyào shí fēnzhōng.

新出語句 🚶

1. 每天 měitiān 名毎日
2. 起床 qǐ chuáng 動起きる
3. 点 diǎn 量時（時間の単位）
4. 分 fēn 量分（時間の単位）
5. 半 bàn 数30分
6. 刻 kè 量15分
7. 早饭 zǎofàn 名朝食
8. 上课 shàng kè 動授業に出る
9. 晚饭 wǎnfàn 名夕食
10. 学习 xuéxí 動学習する
11. 看病 kàn bìng 動診察する
12. 那里 nàlǐ 代そこ；あそこ
13. 洗 xǐ 動洗う
14. 写 xiě 動書く
15. 报告 bàogào 名レポート
16. 这么 zhème 代こんなに；そんなに
   ☛第12課：こそあど言葉③
17. 从 cóng 介〜から
18. 到 dào 介〜まで；至る
19. 离 lí 介〜から（距離を表す）
20. 晚 wǎn 形遅い☛早 zǎo 形早い
21. 只 zhǐ 副ただ
22. 需要 xūyào 動必要とする
23. 出门 chū mén 動外出する
24. 分钟 fēnzhōng 量〜分間
   ☛第10課：時量表現（時間量と動作量）
25. 近 jìn 形近い☛远 yuǎn 形遠い

文法ポイント 📌

1 時刻の表現 「主語＋"〜点〜分"＋動詞＋（目的語）」で表します。

2:00	两　点 liǎng diǎn	2:15	两　点　一刻 liǎng diǎn yíkè
7:08	七　点　零　八　分 qī diǎn líng bā fēn	7:30	七　点　半 Qī diǎn bàn
11:15	十一　点　十五　分 shíyī diǎn shíwǔ fēn	11:45	十一　点　三刻 shíyī diǎn sānkè

Q: 现在几点？ Xiànzài jǐ diǎn?（今何時ですか。）

A: 现在两点三刻。 Xiànzài liǎng diǎn sān kè.（今2時45分です。）

　「主語＋時刻＋動詞＋（目的語）」の語順で，「〜は〜時〜分に〜をする」という意味を表します。

　我七点起床。 Wǒ qīn diǎn qǐchuáng.（私は7時に起きます。）

　我九点去图书馆复习汉语。 Wǒ jiǔ diǎn qù túshūguǎn fùxí Hànyǔ.　　☛复习〔復習する〕
　（私は9時に図書館へ中国語を復習しに行きます。）

　我八点去学校上课。 Wǒ bā diǎn qù xuéxiào shàngkè.
　（私は8時に学校へ授業に行きます。）

39

☛話し言葉では，"15分"，"30分"，"45分"を**"一刻"**，**"半"**，**"三刻"**で表現することもあります。

☛数字"2"は量詞の前に来ると，漢字は**"两"**となり，liǎng と発音します。10分以内の場合，数字「0」を表さなくてはなりません。たとえば，「11時08分」であれば，"十一点零八分"といい，0の"零"を必ず発音します。

②こそあど言葉② 場所の指示

近称	遠称	不定称
这里/这儿〔ここ〕 zhèlǐ/zhèr	那里/那儿〔そこ・あそこ〕 nàlǐ/nàr	哪里/哪儿〔どこ〕 nǎlǐ/nǎr

☛不定称の"哪里"nǎlǐ の発音に注意してください。"哪"nǎ＋"里"lǐ は第3声＋第3声の組み合わせなので，初めの第3声は第2声になり，nálǐ と発音します。

③介詞①

☛第8課：介詞②；第24課：さまざまな介詞

中国語の介詞は英語の「前置詞」と似ていますが，「介詞＋名詞」からなる**介詞フレーズ**は連用修飾語になり，動詞の前に置きます。

	介詞（前置詞）	意味
在 zài	"在"＋場所＋動詞	動作・行為を行う場所「～で」を表します。
从 cóng	"从"＋起点	時間・空間の起点「～から」を表します。
到 dào	"到"＋終点	時間・空間の終点「～まで」を表します。
离 lí	A＋"离"＋B	時間・空間上のAとBの間の距離を表します。

我在家学习。Wǒ zài jiā xuéxí.（私は家で勉強します。）

我在那里洗衣服。Wǒ zài nàlǐ xǐ yīfu.（私はそこで服を洗います。）

从我家到学校只需要十分钟。Cóng wǒ jiā dào xuéxiào zhǐ xūyào shí fēnzhōng.
（私の家から学校まで10分しかかかりません。）

我家离学校很近。Wǒ jiā lí xuéxiào hěn jìn.（私の家は学校まで近いです。）

☛人を表す名詞や代名詞が目的語の場所として使われる場合は，"这儿/这里"または"那儿/那里"を付けなければなりません。"从我这儿〔私のところから〕"。

☛"从"と"离"は空間の起点や空間の距離だけではなく，時間の起点や時間の幅を表すこともできるので，場所を表す名詞の他，時間を表す名詞と組み合わせることもできます。"我们从八点四十到十点十分上汉语课。〔私たちは8時40分から10時10分まで中国語の授業を受けます。〕"

☛口語では，"从～到～"の"从"を省略することもあります。

実践練習

1. 単語を聞き取ってその簡体字，ピンインと日本語の意味を書いてください。

① ⑥

② ⑦

③ ⑧

④ ⑨

⑤ ⑩

2. 次の語句を中国語に訳しましょう。

① 家を出る

_____

② 診察する

_____

③ 家で勉強する

_____

④ ミルクを買う

_____

⑤ レポートを書く

_____

⑥ 映画を見る

_____

⑦ 夕飯を食べる

_____

⑧ 服を洗う

_____

3. 次の文の間違いを直しましょう。

① 这里食堂离很远。

_____

② 我奶奶起床每天六点。

_____

③ 姐姐买东西去超市。

_____

④ 我今天八点八分上课。

_____

⑤ 我哥哥吃早饭在家。

_____

4. 図を見て，毎日の過ごし方を話しましょう。

朝6時15分 起きる　　　朝7時20分 食事する　　　朝8時25分 車に乗って学校に行く

朝9時 授業　　　夜6時15分 家に帰る

我每天早上_____, _____。

_____, _____。

晚上_____。

知っていますか？

1. 上午 shàngwǔ 名午前中
2. 中午 zhōngwǔ 名昼
3. 下午 xiàwǔ 名午後
4. 白天 báitiān 名昼間
5. 傍晚 bàngwǎn 名夕方
6. 夜里 yèli 名夜中、夜
7. 前天 qiántiān 名一昨日
8. 昨天 zuótiān 名昨日
9. 今天 jīntiān 名今日
10. 明天 míngtiān 名明日
11. 后天 hòutiān 名明後日
12. 上(个)星期 shàng (ge) xīngqī 名先週
13. 这(个)星期 zhè (ge) xīngqī 名今週
14. 下(个)星期 xià (ge) xīng qī 名来週
15. 上(个)月 shàng (ge) yuè 名先月
16. 这(个)月 zhè (ge) yuè 名今月
17. 下(个)月 xià (ge) yuè 名来月
18. 前年 qiánnián 名一昨年
19. 去年 qùnián 名去年
20. 今年 jīnnián 名今年
21. 明年 míngnián 名来年
22. 后年 hòunián 名再来年
23. 早饭 zǎofàn 名朝食
24. 午饭 wǔfàn 名昼食
25. 晚饭 wǎnfàn 名夕食

第8課 我正在看电影。

〔私はちょうど映画を見ているところです。〕

 下線部を入れ替えて発音してみましょう。

A: 你 在 干 什么?
　　Nǐ zài gàn shénme?
B: 我 在 复习 汉语。
　　Wǒ zài fùxí Hànyǔ.

| **A** | 点 diǎn | 菜 cài | **B** | 背 bèi | 单词 dāncí |

| **C** | 看 kàn | 电视 diànshì | **D** | 唱 chàng | 中文歌 Zhōngwéngē |

| **E** | 打扫 dǎsǎo | 房间 fángjiān | **F** | 听 tīng | 音乐 yīnyuè |

 会話

铃木　翼：小张，　你 在 查 资料 吗?
Língmù Yì：Xiǎozhāng, nǐ zài chá zīliào ma?
张　思维：我 没 在 查 资料。我 在 上网 买 衣服 呢。
Zhāng Sīwéi：Wǒ méi zài chá zīliào. Wǒ zài shàngwǎng mǎi yīfu ne.
铃木　翼：你 想 买 什么样 的 衣服? T 恤衫 还是 衬衫?
Língmù Yì：Nǐ xiǎng mǎi shénmeyàng de yīfu? T xùshān háishi chènshān?
张　思维：我 想 给 我 爸爸 买 一 件 T 恤衫。
Zhāng Sīwéi：Wǒ xiǎng gěi wǒ bàba mǎi yí jiàn T xùshān.
铃木　翼：贵 吗?
Língmù Yì：Guì ma?
张　思维：现在　正在 打折, 很 便宜。
Zhāng Sīwéi：Xiànzài zhèngzài dǎ zhé, hěn piányi.
铃木　翼：是 吗? 我 也 想 买 一 件。
Língmù Yì：Shì ma? Wǒ yě xiǎng mǎi yí jiàn.

 新出語句

1. 复习 fùxí 動復習する
2. 点 diǎn 動（料理を）注文する
3. 菜 cài 名料理
4. 背 bèi 動暗記する
5. 单词 dāncí 名単語
6. 唱 chàng 動歌う
7. 电视 diànshì 名テレビ
8. 中文歌 Zhōngwéngē 名中国語の歌
9. 打扫 dǎsǎo 動掃除する
10. 听 tīng 動聞く

43

11. 音乐 yīnyuè 名音楽
12. 在 zài 副～しているところだ
13. 正在 zhèngzài 副ちょうど～している
    ところだ（進行を表す）
14. 什么样 shénmeyàng 代どんな
15. 呢 ne 助状態の持続を表す
16. 给 gěi 介～に

17. T恤衫 T xùshān 名Tシャツ
18. 还是 háishi 接それとも
19. 衬衫 chènshān 名シャツ
20. 现在 xiànzài 名現在
21. 打折 dǎ zhé 動割引（する）
22. 是吗 shì ma そうですか。
23. 便宜 piányi 形安い

文法ポイント

1 進行の表現

「主語＋"在/正在"＋動詞フレーズ（＋"呢"）」で，「～をしているところ
だ」という進行中の状態を表します。その否定は，「主語＋"没在"＋動詞フ
レーズ」で表します。

Q: 你在干什么？Nǐ zài gàn shénme?（あなたは何をしていますか。）
A: 我在复习汉语。Wǒ zài fùxí Hànyǔ.（私は中国語を復習しています。）
我没在查资料。Wǒ méi zài chá zīliào.（私は資料を調べていません。）
我（正）在上网买衣服呢。Wǒ (zhèng) zài shàngwǎng mǎi yīfu ne.
（私はインターネットで服を買っているところです。）

☛ "正"に比べて，"正在"は「今ちょうど～している」を意味し，「ちょうどその
時」を強調しています。このような時間的な制約があるため，"正"は他の副詞と一緒
に使って表現することはできません。
☛ "我在家看电视呢。"のような文における"在"は，進行を表す副詞の"在"と場所
を導く介詞の"在"を兼ねていると考えられます。

2 選択疑問文

「"是"＋A＋"还是"＋B」の形をとり，「AであるかそれともBであるか」
という疑問文は選択疑問文といいます。たいていの場合，初めの"是"を省略し
て「A＋"还是"＋B」の形で表現します。反復疑問文☞第4課でも，選択疑問文で
も二者択一の疑問文と考えることができます。

你喝咖啡，还是喝红茶？Nǐ hē kāfēi, háishi hē hóngchá?
你喝咖啡，还是红茶？Nǐ hē kāfēi, háishi hóngchá?
（あなたはコーヒーを飲みますか，それとも紅茶を飲みますか。）

☛ただし，動詞が"是"である場合，
你是中国人，还是日本人？Nǐ shì Zhōngguórén háishi Rìběnrén?
（あなたは中国人ですか，それとも日本人ですか。）

☞ "还是" を使った場合は，文末に助詞の "吗" を付けてはいけません。

③ 介詞② 「(相手) に～をする」   ☞ 第24課：さまざまな介詞

「"给" ＋人＋動詞」という語順で動作行為の対象を示します。

     我想给我爸爸买一件 T 恤衫。Wǒ xiǎng gěi wǒ bàba mǎi yí jiàn T xùshān.

     (私は父に T シャツを一枚買ってあげたいです。)

☞ 副詞 "在/正在" と重ねて表現する場合：

     〈進行表現〉我（正）在给朋友打电话。Wǒ (zhèng) zài gěi péngyou dǎ diànhuà.

          (私は友達に電話をかけています。)

実践練習

08-04

1. 単語を聞き取ってその簡体字，ピンインと日本語の意味を書いてください。

   ①   ⑥

   ②   ⑦

   ③   ⑧

   ④   ⑨

   ⑤   ⑩

2. 次の語句を中国語に訳しましょう。

   ① 割引する   ④ 中国語の歌を歌う

     _____   _____

   ② 単語を暗記する   ⑤ T シャツを一枚買う

     _____   _____

   ③ テレビを見る   ⑥ 音楽を聞く

     _____   _____

3. 次の文を中国語に訳しましょう。

   ① あなたは何をしていますか。

     _____

② 私は朝ごはんを食べています。

　　＿＿＿＿＿＿＿＿＿＿＿＿＿＿＿＿＿＿＿＿＿＿＿＿＿＿＿

③ （私の）姉は今ちょうど映画を見ているところです。

　　＿＿＿＿＿＿＿＿＿＿＿＿＿＿＿＿＿＿＿＿＿＿＿＿＿＿＿

④ （私の父方の）おばあさんは服を洗っていません。

　　＿＿＿＿＿＿＿＿＿＿＿＿＿＿＿＿＿＿＿＿＿＿＿＿＿＿＿

⑤ （私の）兄は今，ちょうど学校で授業を受けているところです。

　　＿＿＿＿＿＿＿＿＿＿＿＿＿＿＿＿＿＿＿＿＿＿＿＿＿＿＿

⑥ あなたはどんな服を買いたいですか。

　　＿＿＿＿＿＿＿＿＿＿＿＿＿＿＿＿＿＿＿＿＿＿＿＿＿＿＿

⑦ あなたはコーヒーを飲みたいですか，それとも紅茶ですか。

　　＿＿＿＿＿＿＿＿＿＿＿＿＿＿＿＿＿＿＿＿＿＿＿＿＿＿＿

⑧ あなたは中国人ですか，それとも日本人ですか。

　　＿＿＿＿＿＿＿＿＿＿＿＿＿＿＿＿＿＿＿＿＿＿＿＿＿＿＿

⑨ 中国語の授業が多いですか，それとも少ないですか。

　　＿＿＿＿＿＿＿＿＿＿＿＿＿＿＿＿＿＿＿＿＿＿＿＿＿＿＿

⑩ あなたは宿題をやりますか，それともテレビを見ますか。

　　＿＿＿＿＿＿＿＿＿＿＿＿＿＿＿＿＿＿＿＿＿＿＿＿＿＿＿

4．次の中国語を日本語に訳しましょう。

　　小张　　每天 七点　起床，八　点　半 去 上课。铃木　每天　八
　　Xiǎozhāng měitiān qī diǎn qǐchuáng, bā　diǎn　bàn qù shàngkè. Língmù měitiān bā
点　半　出门 去 学校。从　铃木 家 到 学校 只 需要　十　分钟。
diǎn bàn chūmén qù xuéxiào. Cóng Língmù jiā dào xuéxiào zhǐ xūyào　shí fēnzhōng.
周末，　小张　　想　　上网　给 她 爸爸 买 一 件 T 恤衫。现在　　正在
Zhōumò,Xiǎozhāng xiǎng shàngwǎng gěi tā　bàba mǎi yí jiàn T xùshān. Xiànzài zhèngzài
打折，很 便宜。铃木　也 想　买 一 件。
dǎzhé,　hěn piányi. Língmù yě xiǎng mǎi yí jiàn.

第9課　你会唱中文歌吗?

〔あなたは中国語の歌を歌うことができますか。〕

 下線部を入れ替えて発音してみましょう。

A: 你　会 弹 钢琴　吗?
　　Nǐ　huì tán gāngqín ma?
B: 我　　会 弹 钢琴。
　　Wǒ　　huì tán gāngqín.
C: 我 不 会 弹 钢琴。
　　Wǒ bú huì tán gāngqín.

A	游泳 yóuyǒng		**B**	做　中国菜 zuò Zhōngguócài
C	跳舞 tiàowǔ		**D**	包　馄饨 bāo húntun
E	说　英语 shuō Yīngyǔ		**F**	骑　自行车 qí zìxíngchē

A: 你 能　喝 酒 吗?
　　Nǐ néng　hē jiǔ ma?
B: 我 能　喝 一点儿。
　　Wǒ néng　hē yìdiǎnr.

A	翻译　　那 本 小说 fānyì　　nà běn xiǎoshuō		**B**	回答　这个 问题 huídá　zhège wèntí
C	游　　一百 米 yóu　　yìbǎi mǐ		**D**	看　　日语 节目 kàn　　Rìyǔ jiémù
E	上网 shàngwǎng		**F**	来　　学校 lái　　xuéxiào

 会話

铃木　翼: 小张,　你现在 忙 不 忙?
Língmù Yì:　Xiǎozhāng, nǐ xiànzài máng bu máng?
张　思维: 不 忙, 有 什么 事 吗?
Zhāng Sīwéi: Bù máng, yǒu shénme shì ma?
铃木　翼: 你 会 唱 中文歌 吗?
Língmù Yì:　Nǐ huì chàng Zhōngwéngē ma?
张　　思维: 我 当然 会 唱。
Zhāng Sīwéi: Wǒ dāngran huì chàng.
铃木　翼: 你 能 教教 我 吗? 我 也 想　唱　中文歌。
Língmù Yì:　Nǐ néng jiāojiao wǒ ma? Wǒ yě xiǎng chàng Zhōngwéngē.
张　思维: 当然　可以。
Zhāng Sīwéi: Dāngrán kěyǐ.

47

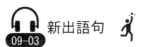 新出語句

1.	弹 tán 動弾く；演奏する	16.	馄饨 húntun 名ワンタン
2.	钢琴 gāngqín 名ピアノ	17.	骑 qí 動（自転車などに）乗る
3.	游泳 yóu yǒng 動水泳をする	18.	自行车 zìxíngchē 名自転車
4.	游 yóu 動泳ぐ	19.	米 mǐ 量メートル
5.	做 zuò 動する；作る	20.	一点儿 yìdiǎnr 数量少し
6.	跳舞 tiào wǔ 動踊る	21.	首 shǒu 量歌などを数える量詞
7.	酒 jiǔ 名酒	22.	会 huì 助動～できる
8.	翻译 fānyì 動翻訳する	23.	能 néng 助動～できる
9.	小说 xiǎoshuō 名小説	24.	教 jiāo 動教える
10.	回答 huídá 動回答する	25.	当然 dāngrán 副当然
11.	问题 wèntí 名問題	26.	可以 kěyǐ 助動～できる（可能・許可 を表す）
12.	说 shuō 動話す	
13.	日语 Rìyǔ 名日本語	27.	拍照 pāi zhào 動写真を撮る
14.	节目 jiémù 名番組	28.	地铁 dìtiě 名地下鉄
15.	包 bāo 動包む	29.	饺子 jiǎozi 名餃子

文法ポイント

1 可能を表す表現①

▶第16課：可能を表す表現②

　中国語には可能を意味する助動詞が３つ（会/能/可以）あります。以下のように，文においては動詞の前に置きます。否定は"不会/不能/不可以"で表します。ただし，"不可以"は禁止を強く意味し，（具体的な）能力がないという意味を持ちません。

　　　　〈肯定文の語順〉主語＋"会/能/可以"＋動詞（＋目的語）。
　　　　〈否定文の語順〉主語＋"不会/不能/不可以"＋動詞（＋目的語）。

（それぞれの違い）

　　"会"：技術を習得した結果「できる」ことを表します。
　　"能"：ある能力や条件が備わって「できる」ことを表します。
　　"可以"：許可や条件によって認められて「できる」ことを表します。

我会游泳。Wǒ huì yóuyǒng.（私は泳ぐことができます。）

我不会弹钢琴。Wǒ bú huì tán gāngqín.（私はピアノを弾くことができません。）

我能游一百米。Wǒ néng yóu yìbǎi mǐ（私は100メートル泳ぐことができます。）

我今天不能来学校。Wǒ jīntiān bù néng lái xuéxiào.（私は今日学校に来れません。）

你可以在这里拍照。Nǐ kěyǐ zài zhèlǐ pāizhào.（あなたはここで写真を撮ってもいいです。）

你不可以在地铁里吃东西。Nǐ bù kěyǐ zài dìtiě li chī dōngxi.

（あなたは地下鉄の中でものを食べてはいけません。→禁止の意味）

② 「ちょっと〜する」の言い方① ☞第11，15課：「ちょっと〜する」の言い方②③

　中国語では，動詞を重ねて，「ちょっと〜する；〜してみる」を表したり，その動作の継続時間が短いことを表したり，口調を柔らかくしたりすることができます。2音節目を軽声で発音します。

（単音節の動詞の場合）

　　　查查〔調べてみる〕，看看〔話してみる〕，教教〔教えてみる〕

　　　我想查查词典。Wǒ xiǎng chácha cídiǎn.（私は辞書で調べてみたいです。）

　　　我去图书馆看看书。Wǒ qù túshūguǎn kànkan shū.（私は図書館へ行って本を読んでみます。）

　　　你可以教教我吗？Nǐ kěyǐ jiāojiao wǒ ma?（あなたは私に教えてみてくれませんか。）

③ "一点儿" と "有点儿"　　「少し」という意味を表します

　"一点儿" と "有点儿" は「少し」を表します。"一点儿" は「形容詞＋"一点儿"」，または，「"一点儿"＋名詞」の語順で「少し」という意味を表します。
　"有点儿" は「有点儿＋形容詞/動詞」の語順で主観的に「少し〜/ちょっと」という言い方で，あまり好ましくないニュアンスが含まれます。

　　　我想喝一点儿咖啡。Wǒ xiǎng hē yìdiǎnr kāfēi.（私はコーヒーをちょっと飲みたいです。）

　　　我能喝一点儿（酒）。Wǒ néng hē yìdiǎnr (jiǔ).（私は（お酒を）ちょっと飲めます。）

　　　铃木最近有点儿忙。Língmù zuìjìn yǒudiǎnr máng.（鈴木さんは最近ちょっと忙しいです。）

　　　她作业有点儿多。Tā zuòyè yǒudiǎnr duō.（彼女は宿題がちょっと多いです。）

実践練習

1. 単語を聞き取ってその簡体字と意味を書いてください。

　　　①　　　　　　　　　　　　　　⑤

　　　②　　　　　　　　　　　　　　⑥

　　　③　　　　　　　　　　　　　　⑦

　　　④　　　　　　　　　　　　　　⑧

2. "会、能、可以、想" を使って，次の文を完成しましょう。

　　　① 周末我（　　　）去迪士尼。

　　　② 我不（　　　）游泳。

③ 我今年十六岁，不（　　　）喝酒。

④ 我姐姐（　　　）喝一杯红茶。

⑤ 她哥哥不（　　　）开车。

⑥ 你（　　　）不（　　　）教我汉语？

⑦ 我下午有事，不（　　　）去学校。

⑧ 他妈妈也（　　　）说日语。

3．次の文を中国語に訳しましょう。
　　① 姉は英語の歌を3曲歌えます。

　　_____

　　② 私は餃子を作れます。

　　_____

　　③ あなたは地下鉄の中で食事することができません。

　　_____

　　④ 私は運転できません。

　　_____

　　⑤ 彼女の妹は日本語を話せません。

　　_____

4．次の問いに中国語で答えましょう。
　　① 你会说汉语吗？

　　_____

　　② 你周末想去哪里？

　　_____

　　③ 你会做中国菜吗？

　　_____

　　④ 你会唱中文歌吗？

　　_____

　　⑤ 我可以在地铁里吃东西吗？

　　_____

第10課　我在图书馆做了两个小时作业。

〔私は図書館で宿題を2時間やりました。〕

 下線部を入れ替えて発音してみましょう。

A: 你 做了 多长 时间 <u>作业</u>？
　 Nǐ zuòle duōcháng shíjiān zuòyè?

B: 我 做了 <u>三 个 小时</u> <u>作业</u>。
　 Wǒ zuòle sān ge xiǎoshí zuòyè.

A	爬 pá	半个 bàn ge	小时 xiǎoshí	山 shān	B	看 kàn	半个 小时 bàn ge xiǎoshí		报纸 bàozhǐ
C	看 kàn	十五 shíwǔ	分钟 fēnzhōng	新闻 xīnwén	D	打 dǎ	两个 小时 liǎng ge xiǎoshí		工 gōng
E	做 zuò	一个半 小时 yí ge bàn xiǎoshí		家务 jiāwù	F	收拾 shōushi	一个 小时 yí ge xiǎoshí		房间 fángjiān

会話

张　思维： 铃木，你 刚才 去 哪里 了？我 在 这里 等了 你 半 个 小时。
Zhāng Sīwéi: Língmù, nǐ gāngcái qù nǎlǐ le? Wǒ zài zhèlǐ děngle nǐ bàn ge xiǎoshí.

铃木　翼： 对不起。我 刚才 在 图书馆 做了 两个 小时 作业。
Língmù Yì: Duìbuqǐ. Wǒ gāngcái zài túshūguǎn zuòle liǎng ge xiǎoshí zuòyè.

张　思维： 你 每天 都 去 图书馆 吗？
Zhāng Sīwéi: Nǐ měitiān dōu qù túshūguǎn ma?

铃木　翼： 是 的。我 每天 都 去 图书馆。先 看 一会儿 报纸，
Língmù Yì: Shì de. Wǒ měitiān dōu qù túshūguǎn. Xiān kàn yíhuìr bàozhǐ,
　　　　　 然后 做 作业。
　　　　　 ránhòu zuò zuòyè.

张　思维： 真 了不起。
Zhāng Sīwéi: Zhēn liǎobuqǐ.

铃木　翼： 哪里，哪里。
Língmù Yì: Nǎlǐ, nǎlǐ.

新出語句

1. 多 duō 副どれくらい～
2. 长 cháng 形長い
3. 时间 shíjiān 名時間
4. 小时 xiǎoshí 名時間
5. 爬 pá 動登る
6. 山 shān 名山
7. 一会儿 yíhuìr 量しばらくの時間
8. 报纸 bàozhǐ 名新聞
9. 新闻 xīnwén 名ニュース
10. 打工 dǎ gōng 動バイトをする
11. 家务 jiāwù 名家事
12. 收拾 shōushi 動片付ける

51

13. 等 děng 動待つ
14. 刚才 gāngcái 名先ほど
15. 了 le 助動詞の後ろに置いて完了・実現を表す
16. 先 xiān 副まず；先に
17. 然后 ránhòu 接それから
18. 真 zhēn 副本当に
19. 了不起 liǎobuqǐ 形すばらしい
20. 哪里，哪里 Nǎlǐ, nǎlǐ どういたしまして
21. 遍 biàn 量（動作の初めから終わりまでの全過程）回数を数える
22. 读 dú 動読む
23. 课文 kèwén 名教科書の本文

文法ポイント 📌

1 動作の完了・実現を表す助詞 "了" ①

☛第 19 課：
動作の完了・実現を表す助詞 "了" ②

　動詞の後に "了" を付けて，動作の完了・実現を表します。否定形は "没" をよく使い，その時は完了・実現を示す "了" は消えます。

　　我做了三个小时作业。Wǒ xiěle sān ge xiǎoshí zuòyè.（私は宿題を 3 時間やりました。）
　　我没做作业。Wǒ méi xiě zuòyè（私は宿題をやりませんでした。）

☛ "没" は "没有" の略とされ，"没有" を使って表現することもできます。

2 数量表現（時間量と動作量）

　「主語＋動詞＋"了"＋数量表現（＋目的語）」で完了・実現した動作の持続時間・行った回数を表します。ただし，目的語は人称代名詞である場合，「主語＋動詞＋"了"＋人称代名詞＋数量表現」の語順になります。

　　我做了三个小时作业。Wǒ xiěle sān ge xiǎoshí zuòyè.（私は宿題を 3 時間やりました。）
　　我读了五遍课文。Wǒ dúle wǔ biàn kèwén.（私は教科書の本文を 5 回読みました。）
　　我在这儿等了你半个小时。Wǒ zài zhèr děngle nǐ bàn ge xiǎoshí.
　　（私はここであなたを 30 分待ちました。）

時量の言い方

　時間の長さを表す時に，以下のような表現を使うことができます。

数字〜	表現	数字＋个〜	表現
分钟 fēnzhōng 〔〜分間〕	半分钟 bàn fēnzhōng 一分钟 yì fēnzhōng 两分钟 liǎng fēnzhōng	小时 xiǎoshí 〔〜時間〕	半个小时 bàn ge xiǎoshí 一个小时 yí ge xiǎoshí 一个半小时 yí ge bàn xiǎoshí
天 tiān 〔〜日間〕	半天 bàn tiān 一天 yì tiān 一天半 yì tiān bàn	月 yuè 〔〜ヶ月〕	半个月 bàn ge yuè 一个月 yí ge yuè 一个半月 yí ge bàn yuè
年 nián 〔〜年間〕	半年 bàn nián 一年 yì nián 一年半 yì nián bàn	星期 xīngqī 〔〜週間〕	半个星期 bàn ge xīngqī 一个星期 yí ge xīngqī 一个半星期 yí ge bàn xīngqī

☞「主語＋動詞＋目的語＋動詞＋"了"＋数量表現」のように，目的語がある場合，動詞を繰り返して，時間量/動作量は2番目の動詞の後ろに置くこともできます。たとえば，"我做作业做了三个小时。"なお，目的語が人称代名詞ではない場合，"的"を入れて，「主語＋動詞＋"了"＋数量表現＋"的"＋目的語」の語順でも表現できます。たとえば，"我做了三个小时的作业。"

☞先看一会儿报纸，然后做作业。Xiān kàn yíhuìr bàozhǐ, ránhòu zuò zuòyè.（まずはしばらく新聞を読んでから，宿題をやります。→習慣的な行為を表すので，完了・実現の"了"を付けません。）

③ "多"＋形容詞

「"多"＋形容詞」の形をとり，「どのくらい～」という意味を表し，疑問表現としてよく使われます。

Q：你弹了多长时间钢琴？Nǐ tánle duō cháng shíjiān gāngqín?

（あなたはピアノをどのくらいの時間弾きましたか。）

A：我弹了一个半小时钢琴。Wǒ tánle yí ge bàn xiǎoshí gāngqín.

（私はピアノを1時間半弾きました。）

你家离学校（有）多远？Nǐ jiā lí xuéxiào (yǒu) duō yuǎn?

（あなたの家から学校までどれくらい遠いですか。）

你（有）多高？Nǐ (yǒu) duō gāo?（あなたの身長はどのくらいありますか。）

実践練習

1．単語を聞き取ってその簡体字，ピンインと日本語の意味を書いてください。

①   ⑤

②   ⑥

③   ⑦

④   ⑧

2．次の文を中国語に訳しましょう。

① あなたはどのくらいの時間寝ましたか。

＿＿＿＿＿＿＿＿＿＿＿＿＿＿＿＿＿＿＿＿＿＿＿＿＿＿

② （私の）父は新聞を30分読みました。

＿＿＿＿＿＿＿＿＿＿＿＿＿＿＿＿＿＿＿＿＿＿＿＿＿＿

③ （彼の）兄はピアノを３時間弾きました。

_____

④ 鈴木さんは図書館で宿題を２時間やりました。

_____

⑤ （私の）おじいさんは地下鉄に１時間半乗りました。

_____

３．次の文の間違いを直しましょう。
① 姐姐等朋友一个小时了。

_____

② 哥哥爬了山爬半个小时。

_____

③ 我十五分钟听了音乐。

_____

④ 她学三遍课文。

_____

４．次の問いに中国語で答えましょう。
① 你学了多长时间汉语？

_____

② 你上了几个小时网？

_____

③ 你打了几个月工？

_____

④ 你妈妈做了多长时间家务？

_____

第11課　昨天你怎么没来学校?

〔昨日，あなたはどうして学校に来なかったのですか。〕

 下線部を入れ替えて発音してみましょう。

A: 昨天　你　干　什么　了?
Zuótiān nǐ gàn shénme le?

B: 昨天　我　去　医院　了。
Zuótiān wǒ qù yīyuàn le.

A	去　　　跑步 qù　　　pǎobù	B	去　借　书 qù　jiè　shū	C	踢　　　足球 tī　　　zúqiú
D	打　　　网球 dǎ　　　wǎngqiú	E	逛街 guàngjiē	F	参加　　　考试 cānjiā　　kǎoshì

会話

张　思维：铃木，昨天　你　怎么　没　来　学校?
Zhāng Sīwéi: Língmù, zuótiān nǐ zěnme méi lái xuéxiào?

铃木　翼：我　感冒　了。昨天　下午　去　医院　看病　了。所以　没　去　学校。
Língmù Yì: Wǒ gǎnmào le. zuótiān xiàwǔ qù yīyuàn kànbìng le. Suǒyǐ méi qù xuéxiào.

张　思维：严重　吗? 医生　怎么　说?
Zhāng Sīwéi: Yánzhòng ma? Yīshēng zěnme shuō?

铃木　翼：医生　跟我　说　不太　严重，休息　一下　就　好。
Língmù Yì: Yīshēng gēn wǒ shuō bú tài yánzhòng, xiūxi yíxià jiù hǎo.

张　思维：你　吃　药　了　吗?
Zhāng Sīwéi: Nǐ chī yào le ma?

铃木　翼：吃　了。谢谢。
Língmù Yì: Chī le. Xièxie.

张　思维：那　今天　你　也　在　家　好好儿　休息　吧。
Zhāng Sīwéi: Nà jīntiān nǐ yě zài jiā hǎohāor xiūxi ba.

新出語句

1. 昨天 zuótiān 名昨日
2. 跑步 pǎo bù 動駆け足をする；ジョギングをする
3. 借 jiè 動借りる；貸す
4. 踢 tī 動ける
5. 足球 zúqiú 名サッカー
6. 网球 wǎngqiú 名テニス
7. 逛街 guàng jiē 動街をぶらぶらする

8. 参加 cānjiā 動参加する
9. 考试 kǎoshì 名試験
10. 怎么 zěnme 代どのように；なぜ
　　☛第16課：2つの "怎么"
11. 没 méi 副～しなかった；していない
12. 感冒 gǎnmào 動風邪を引く
13. 了 le 助～した；～になった
14. 所以 suǒyǐ 接だから

55

15. 跟 gēn 介 ～と
16. 严重 yánzhòng 形 厳しい；甚だしい
17. 医生 yīshēng 名 医者
18. 休息 xiūxi 動 休む；休憩する
19. 一下 yíxià 数量 ちょっと～する
20. 就 jiù 副 すぐ；じきに
21. 好 hǎo 形 良い
22. 药 yào 名 薬
23. 那 nà 接 それでは
24. 好好儿 hǎohāor 副 十分に
25. 吧 ba 助 文末に用いて勧誘を表す

文法ポイント

1 変化・新たな状況の発生を表す語気助詞"了"①

☛第20課：
変化・新たな状況の発生
を表す語気助詞"了"②

文末に置かれる"了"は，「ある新たな状況になった」という変化の意味を表します。"吗"疑問文の場合，語気助詞の"了"は"吗"の前に置きます。

我昨天感冒了。Wǒ zuótiān gǎnmào le.（私は昨日風邪を引いてしまいました。）

她姐姐又想去中国了。Tā jiějie yòu xiǎng qù Zhōngguó le.　　　　　☛又〔また〕
（彼女の姉はまた中国へ行きたくなりました。）

我今天不去电影院看电影了。Wǒ jīntiān bù qù diànyǐngyuàn kàn diànyǐng le.
（私は今日映画館へ映画を見に行かないことにしました。）

铃木去医院看病了吗？Língmù qù yīyuàn kànbìng le ma?
（鈴木さんは病院へ診察を受けに行きましたか。）

2 「ちょっと～する」の言い方②

☛第15課：「ちょっと～する」の言い方③

「動詞＋"一下"」で，動作の継続時間の短さや量の少なさを表し，相手に依頼する際に，語気を和らげ，丁寧な言い方にすることができます。

查一下 chá yíxià，看一下 kàn yíxià，休息一下 xiūxi yíxià
〔ちょっと調べてみる〕〔ちょっと見てみる〕〔ちょっと休んでみる〕

我想查一下资料。Wǒ xiǎng chá yī xià zī liào.（私は資料を調べてみたいと思います。）

3 2つの否定："不"と"没"

形容詞述語文における形容詞の前に，否定副詞の"不"を用いて性質や状態の表す形容詞を否定します。また，動詞述語文における動詞の前に，否定副詞の"不"を置いて，習慣や意志を否定します。しかし，否定副詞の"没"を動詞述語文の動詞の前に置くと，事実の否定になります。

今天不冷。Jīntiān bù lěng.
（性質や状態の否定：今日は寒くないです。）

铃木不去学校。Língmù bú qù xuéxiào.
（意志の否定：鈴木さんは学校に行きません。）

铃木没去学校。Língmù méi qù xuéxiào.
（事実の否定：鈴木さんは学校に行っていません。）

☛反復疑問文：铃木昨天去没去学校？Língmù zuótiān qù méi qù xuéxiào?
　　　　　　（鈴木さんは昨日学校に行きましたか。）

実践練習

1．単語を聞き取ってその簡体字，ピンインと日本語の意味を書いてください。
　　①　　　　　　　　　　　　　　⑤

　　②　　　　　　　　　　　　　　⑥

　　③　　　　　　　　　　　　　　⑦

　　④　　　　　　　　　　　　　　⑧

2．次の語句を中国語に訳しましょう。
　　①　風邪を引く　　　　　　　　④　ちょっと休む

　　＿＿＿＿＿＿＿＿＿＿＿　　　　＿＿＿＿＿＿＿＿＿＿＿

　　②　映画館に行く　　　　　　　⑤　テニスをする

　　＿＿＿＿＿＿＿＿＿＿＿　　　　＿＿＿＿＿＿＿＿＿＿＿

　　③　本を借りる　　　　　　　　⑥　サッカーをする

　　＿＿＿＿＿＿＿＿＿＿＿　　　　＿＿＿＿＿＿＿＿＿＿＿

3．次の文を中国語に訳しましょう。
　　①　私はテニスに行きました。

　　＿＿＿＿＿＿＿＿＿＿＿＿＿＿＿＿＿＿＿＿＿＿

　　②　昨日，鈴木さんは学校に行きませんでした。

　　＿＿＿＿＿＿＿＿＿＿＿＿＿＿＿＿＿＿＿＿＿＿

　　③　彼女は中国に行きましたか。（反復疑問文で）

　　＿＿＿＿＿＿＿＿＿＿＿＿＿＿＿＿＿＿＿＿＿＿

　　④　（彼の父方の）おじいさんは昨日地下鉄で病院に行きませんでした。

　　＿＿＿＿＿＿＿＿＿＿＿＿＿＿＿＿＿＿＿＿＿＿

⑤ 彼は風邪を引いてしまいました。

_____

⑥ 私はちょっと休憩したいです。

_____

4. 次の問いに中国語で答えましょう。

① 你周末去哪里了？

_____

② 你昨天去图书馆借书了吗？

_____

③ 你昨天爬山了吗？

_____

④ 你去踢足球了吗？

_____

⑤ 你去没去超市买东西？

_____

5. 次の中国語を日本語に訳しましょう。

小张　　会　唱　中文歌。　铃木　想　学　唱　中文歌。　　小张

Xiǎozhāng huì chàng Zhōngwéngē. Língmù xiǎng xué chàng Zhōngwéngē. Xiǎozhāng

教　铃木　唱　中文歌。

jiāo Língmù chàng Zhōngwéngē.

铃木　感冒　了，所以他　昨天　没来　上课。他　下午　去　医院　看病　了。

Língmù gǎnmào le,　suǒyǐ tā zuótiān méi lái shàngkè. Tā xiàwǔ qù　yīyuàn kànbìng le.

医生　跟　他　说不　严重，　在　家　休息　一下　就　好。

Yīshēng gēn tā shuō bù yánzhòng, zài jiā xiūxi yíxià jiù hǎo.

第12課　我发过一次短信。

〔私はショートメッセージを一回送ったことがあります。〕

下線部を入れ替えて発音してみましょう。

A: 你　　<u>发过</u>　　　　<u>短信</u> 吗？
　　Nǐ　　fāguo　　　　duǎnxìn ma?
B: 我　　<u>发过</u> 一 次 <u>短信</u>。
　　Wǒ　　fāguo yí cì duǎnxìn.
C: 我 没 <u>发过</u>　　　　<u>短信</u>。
　　Wǒ méi fāguo　　　　duǎnxìn.

| **A** | 吃 chī | 两 次 liǎng cì | 小笼包 xiǎolóngbāo | **B** | 见 jiàn | 一 次 yí cì | 李老师 Lǐ lǎoshī |

| **C** | 坐 zuò | 一 次 yí cì | 飞机 fēijī | **D** | 听 tīng | 五 次 wǔ cì | 音乐会 yīnyuèhuì |

| **E** | 练习 liànxí | 三 次 sān cì | 画 画儿 huà huàr | **F** | 参观 cānguān | 四 次 sì cì | 博物馆 bówùguǎn |

 会話

张　思维：铃木，你 来了 中国 这么 久，喝 没 喝过 珍珠 奶茶？
Zhāng Sīwéi：Língmù, nǐ　láile Zhōngguó zhème jiǔ,　hē méi hēguo zhēnzhū nǎichá?
铃木　翼：我 还 没 在 中国　喝过。
Língmù Yì：　Wǒ hái méi zài Zhōngguó hēguo.
张　思维：我 刚才　上网　订了 两 杯。我们 一起 喝 吧。
Zhāng Sīwéi：Wǒ gāngcái shàngwǎng dìngle liǎng bēi. Wǒmen yìqǐ　hē　ba.
　　　　　　我 请客。
　　　　　　Wǒ qǐngkè.
铃木　翼：谢谢。我 很 喜欢 喝 珍珠　奶茶。
Língmù Yì：　Xièxie. Wǒ hěn xǐhuan hē zhēnzhū nǎichá.
　　　　　　最近 珍珠 奶茶 在 日本 也 非常　流行。
　　　　　　Zuìjìn zhēnzhū nǎichá zài　Rìběn　yě fēicháng liúxíng.
（タピオカミルクティーを飲んでから）
张　思维：味道　怎么样？ 跟　日本 一样 吗？
Zhāng Sīwéi：Wèidào zěnmeyàng?Gēn Rìběn yíyàng ma?
铃木　翼：有点儿 不 一样。
Língmù Yì：　Yǒudiǎnr bù yíyàng.

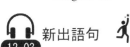 新出語句

1. 发 fā 動 （手紙やメールなどを）出す
2. 短信 duǎnxìn 图 ショートメッセージ
3. 小笼包 xiǎolóngbāo 图 小籠包
4. 画画儿 huà huàr 絵を描く

5. 次　cì　量回数を数える
6. 见　jiàn　動会う
7. 熊猫　xióngmāo　名パンダ
8. 音乐会　yīnyuèhuì　名コンサート
9. 练习　liànxí　動練習する
10. 飞机　fēijī　名飛行機
11. 参观　cānguān　動見学する
12. 博物馆　bówùguǎn　名博物館
13. 久　jiǔ　形（時間が）長い
14. 还　hái　副まだ
15. 订　dìng　動注文する；予約する
16. 一起　yìqǐ　副一緒に
17. 请客　qǐng kè　動おごる；客を招待する

18. 非常　fēicháng　副とても
19. 喜欢　xǐhuan　動好きだ
20. 珍珠奶茶　zhēnzhū nǎichá　名タピオカミルクティー
21. 流行　liúxíng　形流行っている
22. 过　guo　助～したことがある
23. 味道　wèidào　名味
24. 一样　yíyàng　形同じ
25. 夏天　xiàtiān　名夏
26. 热　rè　形暑い
27. 厘米　límǐ　量センチ
28. 邮件　yóujiàn　名メール
29. 动物园　dòngwùyuán　名動物園

文法ポイント

1 過去の経験を表す表現　「～したことがある」という意味を表します。

　　動詞の後ろに"过"を付けて，「主語＋動詞＋"过"（＋時間量/動作量＋目的語）」という語順で，かつての経験を表します。否定の場合，動詞の前に"没"を付けて「主語＋"没"＋動詞＋"过"（＋目的語）」という語順で表します。

　　　　我发过两次邮件。Wǒ fāguo liǎng cì yóujiàn.（私はメールを2回送ったことがあります。）
　　　　我吃过一次小笼包。Wǒ chīguo yí cì xiǎolóngbāo.（私は小籠包を一度食べたことがあります。）
　　　　我在网上学过一年汉语。Wǒ zài wǎngshang xuéguo yì nián Hànyǔ.
　　　　（私はネットで中国語1年間勉強したことがあります。）
　　　　我没吃过小笼包。Wǒ méi chīguo xiǎolóngbāo.（私は小籠包を食べたことがありません。）

☛目的語が人称代名詞の場合は，回数を人称代名詞の後ろに置きます。
　　　　我见过他五次。Wǒ jiànguo tā wǔ cì.（私は彼に5回会いました。）
☛連動文の場合，最後の動詞の後ろに"过"を付けて，かつて経験したことを表すことができます。否定は，最初の動詞の前に"没"を付けます。
　　　　铃木去动物园看过熊猫。Língmù qù dòngwùyuán kànguo xióngmāo.
　　　　（鈴木さんは動物園へパンダを見に行ったことがあります。）
　　　　我去超市买过东西。Wǒ qù chāoshì mǎiguo dōngxi.
　　　　（私はスーパーへ買い物に行ったことがあります。）
　　　　铃木没去动物园看过熊猫。Língmù méi qù dòngwùyuán kànguo xióngmāo.
　　　　（鈴木さんは動物園へパンダを見に行ったことがありません。）
　　　　我没去超市买过东西。Wǒ méi qù chāoshì mǎiguo dōngxi.
　　　　（私はスーパーへ買い物に行ったことがありません。）

2 比較文②

基本語順：「A＋"比"＋B＋形容詞（＋差分）」 　 AはBより（…ほど）～

「A＋"没（有）"＋B＋"这么/那么"＋形容詞」 ☞こそあど言葉③

AはBほど（こんなに/あんなに）～ではない

「A＋"跟"＋B＋"一样"（＋形容詞）」 AはBと同じくらい（～）

〈肯定文〉 弟弟比我高五厘米。Dìdi bǐ wǒ gāo wǔ límǐ.

（弟は私より5センチほど背が高い。）

铃木的课跟我一样。Língmù de kè gēn wǒ yíyàng.

（鈴木さんの授業は私の授業と同じです。）

日本的夏天跟中国一样热。Rìběn de xiàtiān gēn Zhōngguó yíyàng rè.

（日本の夏は中国の夏と同じくらい暑いです。）

〈否定文〉 弟弟没（有）我这么高。Dìdi méi(yǒu) wǒ zhème gāo.

（弟は私より背が高くないです。）

铃木的课跟我不一样。Língmù de kè gēn wǒ bù yíyàng.

（鈴木さんの授業は私の授業と同じではありません。）

3 こそあど言葉③ 性質，程度，方式の指示

近称	遠称
这么〔こんな〕 zhème	那么〔そんな・あんな〕 nàme
这样〔こんなに〕 zhèyàng	那样〔そんなに・あんなに〕 nàyàng

実践練習

12-04
1．単語を聞き取ってその簡体字，ピンインと日本語の意味を書いてください。

①　　　　　　　　　　　　　　　⑤

②　　　　　　　　　　　　　　　⑥

③　　　　　　　　　　　　　　　⑦

④　　　　　　　　　　　　　　　⑧

2．次の語句を中国語に訳しましょう。
①　ショットメッセージを送る　　　　②　パンダを見たことがある

_____　　　　　_____

61

③ 小籠包を食べたことがない　　　　　④ 博物館を見学したことがある

_____　　　　_____

3．次の文を中国語に訳しましょう。
① あなたは食堂で食事したことが何回ありますか。

_____

② 昨日，（私の）弟は学校に行きませんでした。

_____

③ 彼女は張さんに会ったことがありますか。（反復疑問文で）

_____

④ 私は飛行機に2回乗ったことがあります。

_____

⑤ あなたはネットでタピオカミルクティーを買ったことがありますか。

_____

⑥ 日本の夏は中国の夏と同じくらい暑いです。

_____

4．次の問いに中国語で答えましょう。
① 你吃过中国菜吗?

_____

② 你去过动物园吗?

_____

③ 你用中文发过邮件吗?　　　　　　　　　　☛中文 Zhōngwén〔中国語〕

_____

④ 你去电影院看过几次电影?

_____

⑤ 你在食堂吃过饭吗?

_____

🎓 知っていますか？

　"汉语"と"中文"はともに「中国語」を指します。"汉语"は，話される中国語を指し，"中文"は，書かれた中国語，文章，文学などを指すことが一般的です。微妙なニュアンスの違いがありますが，一般的な日常会話ではほとんど区別されず，どちらも「中国語」の意味で広く使用されます。

会話帳①

覚えましょう！

	中国語	日本語
K1-01	你 好! Nǐ hǎo!	こんにちは。
K1-02	您 好! Nín hǎo!	こんにちは。
K1-03	大家 好! Dàjiā hǎo!	みなさん，こんにちは。
K1-04	早上 好! Zǎoshang hǎo!	おはようございます。
K1-05	晚上 好! Wǎoshang hǎo!	こんばんは。
K1-06	再见! Zàijiàn!	さようなら。
K1-07	明天 见! Míngtiān jiàn!	また明日。
K1-08	下周 见! Xiàzhōu jiàn!	また来週。
K1-09	你 叫 什么 名字? Nǐ jiào shénme míngzi?	お名前は何といいますか。
K1-10	很 高兴 认识 你。 Hěn gāoxìng rènshi nǐ.	お知り合いになれて嬉しいです。
K1-11	请 多 关照。 Qǐng duō guānzhào.	どうぞよろしくお願いします。
K1-12	您 辛苦 了。 Nín xīnkǔ le.	お疲れ様です。
K1-13	麻烦 你 了。 Máfan nǐ le.	ご迷惑をおかけしました。
K1-14	谢谢! Xièxie!	ありがとうございました。
K1-15	不 客气。 Bú kèqi.	お構いなく；どういたしまして。
K1-16	对不起! Duìbuqǐ!	すみません。
K1-17	没 关系。 Méi guānxi.	構いません。
K1-18	新年 快乐! Xīnnián kuàilè!	明けましておめでとうございます。

	生日 快乐！	お誕生日おめでとうございます。
K1-19	Shēngrì kuàilè!	
	现在 几 点？	今何時ですか。
K1-20	Xiànzài jǐ diǎn?	
	今天 星期 几？	今日は何曜日ですか。
K1-21	Jīntiān xīngqī jǐ?	
	今天 星期二。	今日は火曜日です。
K1-22	Jīntiān xīngqī'èr.	
	你 今年 几 岁？	あなたは今年何歳ですか。
K1-23	Nǐ jīnnián jǐ suì?	
	您 多大 岁数？	（ご年配の方へ）
K1-24	Nín duōdà suìshu?	おいくつになられましたか。
	我 今年 二十 岁。	私は今年 20 歳です。
K1-25	Wǒ jīnnián èrshí suì.	
	今天 几 月 几 号？	今日は何月何日ですか。
K1-26	Jīntiān jǐ yuè jǐ hào?	
	今天 八 月 二十一 号。	今日は 8 月 21 日です。
K1-27	Jīntiān bā yuè èrshiyī hào.	
	多少 钱？	いくらですか。
K1-28	Duōshao qián?	
	能 便宜 （一）点儿 吗？	ちょっと安くなりませんか。
K1-29	Néng piányi （yì）diǎnr ma?	
	能 加一下 您 的 微信 吗？	WeChat を交換してもよろしいですか。
K1-30	Néng jiā yíxià nín de Wēixìn ma?	
	请 告诉 我 您 的 邮箱 地址。	メールアドレスを教えてください。
K1-31	Qǐng gàosu wǒ nín de yóuxiāng dìzhǐ.	
	请问， 洗手间 在 哪里？	お尋ねしますが、
K1-32	Qǐngwèn, xǐshǒujiān zài nǎlǐ?	トイレはどこにありますか。
	怎么 走？	どうやっていきますか。
K1-33	Zěnme zǒu?	
	你 想 去 哪里？	あなたはどこに行きたいですか。
K1-34	Nǐ xiǎng qù nǎlǐ?	
	你 在 干 什么？	（今）あなたは何をしていますか。
K1-35	Nǐ zài gàn shénme?	
	你 打算 干 什么？	あなたは何をするつもりですか。
K1-36	Nǐ dǎsuan gàn shénme?	
	真 了不起。	本当にすばらしい。
K1-37	Zhēn liǎobuqǐ.	
	请 等 一下。	ちょっと待ってください。
K1-38	Qǐng děng yíxià.	
	请 说 慢 一点儿。	ちょっとゆっくり話してください。
K1-39	Qǐng shuō màn yìdiǎnr.	

中級編

第13課　微信是什么？
〔WeChatって何ですか。〕

本文の表現

你好！ Nǐ hǎo!こんにちは。

欢迎你来上海！ Huānyíng nǐ lái Shànghǎi!上海へようこそ。

你是第一次来中国吗？ Nǐ shì dìyī cì lái Zhōngguó ma?中国に来たのは初めてですか。

很高兴认识你！ Hěn gāoxìng rènshi nǐ!お知り合いになれて嬉しいです。

请多关照。 Qǐng duō guānzhào.どうぞよろしくお願いいたします。

他的汉语是在日本学的。 Tā de Hànyǔ shì zài Rìběn xué de.彼は中国語を日本で勉強したのです。

会話

（張思維さんは，李亦婷先生の学生で,日本語学部の３年生です。今日は，留学生の鈴木翼さんが上海の空港に着きます。李先生は，張さんに鈴木さんを空港へ迎えに行かせました。）

张思维：你好！我叫张思维，是李老师的学生。欢迎你来上海！
Zhāng Sīwéi: Nǐ hǎo! Wǒ jiào Zhāng Sīwéi,　shì Lǐ lǎoshī de xuésheng. Huānyíng nǐ lái　Shànghǎi!

铃木翼：你好！我叫铃木翼。很高兴认识你！
Língmù Yì: Nǐ hǎo! Wǒ jiào Língmù Yì. Hěn gāoxìng rènshi nǐ!

张思维：我也很高兴认识你！你是第一次来中国吗？
Zhāng Sīwéi: Wǒ yě hěn gāoxìng rènshi nǐ! Nǐ shì dìyī cì lái Zhōngguó ma?

铃木翼：是啊。请多关照。
Língmù Yì: Shì a. Qǐng duō guānzhào.

张思维：请多关照。对了！你有微信吗？
Zhāng Sīwéi: Qǐng duō guānzhào. Duìle! Nǐ yǒu Wēixìn ma?

铃木翼：微信是什么？
Língmù Yì: Wēixin shì shénme?

読解

大家好！我叫张思维，是日语系三年级的学生。李亦婷老师是
Dàjiā hǎo! Wǒ jiào Zhāng Sīwéi, shì Rìyǔ xì sān niánjí de xuésheng. Lǐ Yìtíng lǎoshī shì

我的日语老师。铃木翼是我今天认识的一个外国朋友。他是今天
wǒ de Rìyǔ lǎoshī. Língmù Yì shì wǒ jīntiān rènshi de yí ge wàiguó péngyǒu. Tā shì jīntiān

早上坐飞机到上海的。他是日本留学生。他的汉语是在日本学
zǎoshang zuò fēi jī dào Shànghǎi de. Tā shì Rìběnrén liúxuéshēng. Tā de Hànyǔ shì zài Rìběn xué

的。他今年二十二岁。他告诉我他是第一次来上海。我有微信，
de. Tā jīnnián èrshìèr suì. Tā gàosu wǒ tā shì dìyì cì lái Shànghǎi. Wǒ yǒu Wēixìn,

可是他没有。我教他下载微信。现在他已经成为我的微信好友了。
kěshì tā méiyǒu. Wǒ jiāo tā xiàzài Wēixìn. Xiànzài tā yǐjīng chéngwéi wǒ de Wēixin hǎoyǒu le.

新出語句

1. 学生 xuésheng 名学生
2. 留学生 liúxuéshēng 名留学生
3. 欢迎 huānyíng 動歓迎する
4. 认识 rènshi 動知り合う
5. 高兴 gāoxìng 形嬉しい
6. 第一次 dìyī cì 数初めて
7. 是啊。 Shì a.（相手の言葉に相づちを打つ場合）ええ，そうです。
8. 是～的 shì～de ～のだ
9. 到 dào 動着く
10. 上海 Shànghǎi 名〈地名〉上海
11. 对了！ Duìle! あっそうだ。
12. 微信 Wēixìn 名WeChat（中国のSNS）
13. 李亦婷 Lǐ Yìtíng 〈人名〉李亦婷
14. 系 xì 名学部
15. 年级 niánjí 名～年生；～年次
16. 外国 wàiguó 名外国
17. 可是 kěshì 接しかし；でも
18. 告诉 gàosu 動告げる；教える
19. 下载 xiàzài 動ダウンロードする
20. 已经 yǐjīng 副もう；すでに
21. 成为 chéngwéi 動～になる
22. 好友 hǎoyǒu 名親友

文法ポイント

1 "是～的" 構文

中国語では，既に行われた動作について，「いつ^{時間}」「どこで^{場所}」「どのように^{方式}」などを取り立てて述べる場合，"是"と"的"を使ってそれを挟み込んで，"是～的"という構文で表現します。なお，肯定文では"是"を省略することができますが，否定文では，"不是～的"のように省略できません。

他的汉语是在日本学的。Tā de Hànyǔ shì zài Rìběn xué de.（彼は中国語を日本で勉強したのです。）
他是今天早上坐飞机到上海的。Tā shì jīntiān zǎoshang zuò fēijī dào Shànghǎi de.
（彼は今朝飛行機で上海に着いたのです。）
我不是开车来学校的。Wǒ bú shì kāi chē lái xuéxiào de.
（私は車を運転して学校に来たのではありません。）

2 二重目的語

中国語では，動詞は通常は目的語を1つしかとりません。しかし，目的語を2つ取ることのできる動詞もあります。「動詞＋目的語₁＋目的語₂」という形で，第1目的語（目的語₁；一般に人を指す）は間接目的語であり，第2目的語（目的語₂；一般にものを指す）は直接目的語です。多くの場合は，相手に何かを与えるという意味になります。これ以外にもいろいろな表現があります。このような文は二重目的語文と呼ばれます。

我教铃木汉语。Wǒ jiāo Língmù Hànyǔ.（私は鈴木さんに中国語を教えます。）
我教铃木下载微信。Wǒ jiāo Língmù xiàzài Wēixìn.
（私は鈴木さんにWeChatのダウンロードし方を教えます。）
铃木告诉我一件事。Língmù gàosu wǒ yí jiàn shì.（鈴木さんは私に1つのことを伝えます。）

67

③ 連体修飾語 "的" ②

「～ "的" ＋名」の形をとって，日本語の「の」と同じように使われます。以下のような使い方があります。

「形＋ "的" ＋名」：名詞の状態や性質を表す形容詞で修飾する時は， "的" を付けなければなりません。たとえば， "好听的音乐"， "好吃的面包"。

「形＋ "的" ＋名」：所属または所有を表します。たとえば， "李老师的学生"， "我的名字"。

「動（フレーズ/介詞フレーズ）＋ "的" ＋名」：動詞，動詞フレーズ，介詞フレーズなどが連体修飾語として使われる時にも，必ず "的" を使います。たとえば， "我今天认识的一个外国朋友。"， "日本来的学生"。

しかし，以下のように， "的" を省略できる場合と付けない場合もあります。

省略可能な場合

「人称代名詞＋（"的"）＋親族称呼」および「人称代名詞＋（"的"）＋所属関係を表す名詞」。 "我妈妈" 〔私の母〕， "他家" 〔彼の家〕など。

付けない場合

①修飾語が名詞であり，なおかつその名詞と修飾される中心語に緊密な修飾関係があり，すでに1つの名詞になっているものです。 "外国朋友"， "汉语老师"， "中国菜"， "汉语课" など。

②修飾語が単音節形容詞である時， "新朋友"， "好朋友" など。

実践練習

1. 単語を聞き取ってその簡体字，ピンインと日本語の意味を書いてください。

13-03

① ⑤

② ⑥

③ ⑦

④ ⑧

2. 語を正しく並べ替えて発音してみましょう。
① 日本人　是　不　她
_____
② 微信　有　没　铃木
_____
③ 高兴　很　你　认识
_____

④ 你　来　中国　欢迎

_____

⑤ 他　飞机　的　是　坐　来

_____

3. 中国語の質問を聞いて，中国語で答えてください。

① _____

② _____

③ _____

4. 2人で次の会話文を完成させて，ロールプレイをしましょう。

A：_____！

B：你好！我姓_____，叫_____。_____？

A：我叫_____。很高兴认识你。

B：_____。

豆知識

人気 No.1 の SNS—"微信" WeChat

　中国には，Web 上で社会的ネットワークを構築する独自のサービス（social networking service, SNS）があります。中国では，世界で一般的に利用されている SNS を使うことができません。たとえば，日本で最も人気があり，日常生活でよく使われている LINE は，中国では使用できません。中国で LINE にあたるのは，"微信"（Wēixìn）（WeChat/ウィチャット）です。"微信"は，2011 年 1 月から，中国の大手 IT 企業テンセント（腾讯）（Téngxùn）により提供されています。インスタント・メッセンジャー"テンセント QQ"の発展型として開発されたアプリで，スマホとパソコンにインストールできます。2011 年 4 月からは，世界に向けた"WeChat 海外版"もできました。WeChat は LINE と同じく，メッセンジャーとソーシャル・ネットワーキング・サービスを融合させた機能を持っています。中国のユーザーに人気があり，現在，中国では WeChat が仕事や日常生活における連絡の主要な手段となっています。そのため，WeChat は，中国の人々にとって生活になくてはならない SNS なのです。

第14課　这是谁的快递?

〔これは誰の宅配便ですか。〕

本文の表現

再见到你,太好了！ Zài jiàndào nǐ, tàihǎole!またあなたに会えてとても嬉しいです。

Q：最近怎么样？ Zuìjìn zěnmeyàng?最近、どうですか。

A：还行。 Háixíng.まあまあです。

如果今天下单，明天就能送到。 Rúguǒ jīntiān xiàdān, míngtiān jiù néng sòngdào.

今日注文すれば、明日届きます。

又快又便宜。 Yòu kuài yòu biànyi.速くてまた値段も安いです。

你也快试试吧。 Nǐ yě kuài shìshi ba.あなたも早くちょっと試してごらんなさい。

 会話

14-01

（張さんはネットで服を買いました。今日、宅配便で届きました。張さんは近くの宅配ポストに荷物を取りに行く時、鈴木さんに会いました。）

铃木 翼：小张！ 再 见到 你, 太 好 了！
Língmù Yì: Xiǎozhāng! Zài jiàndào nǐ, tài hǎo le!

张 思维：嗨！铃木，最近 怎么样？
Zhāng Sīwéi: Hāi! Língmù, Zuìjìn zěnmeyàng?

铃木 翼：还行。咦？你 手上 拿着 的 这些 是 什么？
Língmù Yì: Háixíng. Yí? Nǐ shǒushang názhe de zhèxiē shì shénme?

张 思维：这些 全 是 我 的 快递。我 现在 吃的、喝的、穿的、用的 都 在
Zhāng Sīwéi: Zhèxiē quán shì wǒ de kuàidì. Wǒ xiànzài chide、 hēde、 chuānde、 yòngde dōu zài

网上 买。如果 今天 下单，明天 就 能 送到。又 快 又 便宜。
wǎngshang mǎi. Rúguǒ jīntiān xiàdān, míngtiān jiù néng sòngdào. Yòu kuài yòu piányi.

铃木 翼：真的 吗？网购 真 方便！
Língmù Yì: Zhēnde ma? Wǎnggòu zhēn fāngbiàn!

张 思维：是 啊。你 也 快 试试 吧。
Zhāng Sīwéi: Shì a. Nǐ yě kuài shìshi ba.

読解

小张 是 日语 系 三 年级 的 学生 。她 平时 喜欢 网购。每天 都 有 她
Xiǎozhāng shì Rìyǔ xì sān niánjí de xuésheng. Tā píngshí xǐhuan wǎnggòu. Měitiān dōu yǒu tā
的 快递。那些 快递 的 包裹 很 多，也 很 重。吃的、喝的、穿的、用 的 全
de kuàidì. Nàxiē kuàidì de bāoguǒ hěn duō, yě hěn zhòng. Chīde、 hēde、 chuānde、 yòng de quán
是 小张 的 快递。铃木 好像 还 不 会 在 中国 网购。所以 小张 跟 铃木
shì Xiǎozhāng de kuàidì. Língmù hǎoxiàng hái bú huì zài Zhōngguó wǎnggòu. Suǒyǐ Xiǎozhāng gēn Língmù
介绍了 中国 的 网购。一点儿 也 不 难。现在 铃木 也 想 试试 在 网上 买
jièshàole Zhōngguó de wǎnggòu. Yìdiǎnr yě bù nán. Xiànzài Língmù yě xiǎng shìshi zài wǎngshang mǎi
东西 了。
dōngxi le.

1. 手 shǒu 名手
2. 拿 ná 動（手などで）持つ；取る
3. 着 zhe 助（動詞の後に置き）持続を表す
4. 快递 kuàidì 名宅配便
5. 再 zài 副再び
6. 见到 jiàndào 動会う
7. 嗨 hāi 感嘆挨拶に用いられる
8. 咦 yí 感嘆おや（疑問表現を伴い，驚きを表す）
9. 穿 chuān 動着る
10. 全 quán 副すべて
11. 快 kuài 形（スピードが）速い
   ☛慢 màn 形遅い
12. 如果 rúguǒ 接もし；もし～なら
13. 明天 míngtiān 名明日
14. 送到 sòngdào 動届ける；届く
15. 又～又… yòu~yòu... ～でもあり，また…でもある
16. 下单 xiàdān 動注文する
17. 真的吗？ Zhēnde ma? 本当ですか。
18. 方便 fāngbiàn 形便利である
19. 平时 píngshí 副普段
20. 网购 wǎnggòu 名（网上购物 wǎngshàng gòuwù の略）インターネットショッピング
21. 包裹 bāoguǒ 名荷物；小包
22. 重 zhòng 形重い
23. 好像 hǎoxiàng 動（まるで）～のようだ
24. 介绍 jièshào 動紹介する
25. 开 kāi 動（電源を）入れる

文法ポイント 📌

1 持続の表現

「動詞＋"着"」の形を用いて，「～ている」または「～てある」という意味で動作や状態の持続を表します。

铃木手上拿着快递。Língmù shǒushang názhe kuàidì.（鈴木さんは手で宅配便を持っています。）

我在家坐着等快递。Wǒ zài jiā zuòzhe děng kuàidì.（私は家で座って宅配便を待っています。）

书上写着呢。Shū shang xiězhe ne.（本に書いてあります。）

电视没开着。Diànshì méi kāizhe.（テレビはつけていません。）

我今天没拿快递。Wǒ jīntiān méi ná kuàidì.（私は今日宅配便を受け取っていません。）

☛否定は"没（有）"で表します。否定形でも"着"は付けたまま残します。ただし，"着"自体は，話者の目の前の状態を描写することに重点があるので，実際には否定形ではあまり用いられません。

2 "一点儿"＋"也/都"＋否定形

「主語＋"一点儿"＋"也/都"＋否定形」で「少しも…でない」という意味を表します。

（网购）一点儿也不难。(Wǎnggòu) yìdiǎnr yě bù nán.
（〈ネットショッピング〉は少しも難しくありません。）

我一点儿也不想去。Wǒ yìdiǎnr yě bù xiǎng qù.

（私は少しも行きたくありません。）

这里的水果一点儿都不便宜。Zhèlǐ de shuǐguǒ yìdiǎnr dōu bù piányi.

（ここの果物は少しも安くありません。）

③ 複文　"如果～（的话），就…"

"如果"は仮定条件を表します。"如果 A（的话），就 B"で「もしも A なら B だ」または「もしも A なら B する」という意味を表します。

如果今天下单，明天就能送到。Rúguǒ jīntiān xiàdān, míngtiān jiù néng sòngdào.

（もしも今日注文すれば，明日届きます。）

如果明天太冷的话，我就不去了。Rúguǒ míngtiān tài lěng de huà, wǒ jiù bú qù le.

（もしも明日が寒ければ，私は行かないことにします。）

☛主語と述語から成る2つ以上の句が一つの文を構成するものは「複文」といいます。複文を作る際に，前後文の関係は**因果・逆接・仮定・譲歩**などのうちのどれかを正しく理解するのが重要です。

実践練習　

 1. 単語を聞き取ってその簡体字，ピンインと日本語の意味を書いてください。

①	⑤
②	⑥
③	⑦
④	⑧

2. 語を正しく並べ替えて発音してみましょう。

① 课　明天　的话　我　没有　就　不去　学校　了　如果

_____

② 爸爸　早饭　每天　新闻　吃　听着

_____

③ 的　谁　这些　快递　是　都

_____

④ 也　的　发音　一点儿　汉语　不难

――――――――――――――――――――――――――

3. 日本でネットショッピングをしたことがありますか。その経験についてみんなで会話しましょう。必要に応じて以下の言葉を使ってください。

包邮 bāo yóu 〔送料込み〕　　　　　　行货 hánghuò 〔正規品〕　　　　　　快递公司 kuàidi gōngsī 〔宅配会社〕
快递小哥 kuàidi xiǎogē 〔宅配のお兄さんへの愛称〕　乐天 Lètiān 〔楽天〕　　　水货 shuǐhuò 〔並行輸入品〕
雅虎拍卖 Yǎhǔ pāimài 〔ヤフオク〕　　　亚马逊 Yàmǎxùn 〔アマゾン〕　　　运费 yùnfèi 〔送料〕

豆知識 About 中国

宅配便事情

　中国の物流は 2000 年に入って，驚くべきスピードで成長を遂げました。特に，2009 年頃から，大手のアリババグループ（阿里巴巴集团 ā lǐ bā bā jí tuán）をはじめ，EC（electronic commerce）の販売促進イベントが盛んに行われるようになりました。実際の店舗に行かずに，インターネットでショッピングができるようになりました。EC が広く普及するのに伴い，その根幹を支える物流，つまり荷物の宅配便が発展してきました。2019 年のデータによると，中国では年間 635 億個の宅配を行っており，これは全世界の 40% を占めています。また宅配業界では，500 万人のスタッフを雇用して，1 日に 1 億 3000 万個の荷物を処理することができると報告されています。このデータから，中国は世界一の宅配大国といえるでしょう。こうした効率の良い，無駄のない社会を作るために，大手の通信販売会社であるアリババグループや JD（京东 Jīngdōng）などの中国の有力企業は，それぞれ独自の物流に対する取り組みを展開しています。最近，中国では，「宅配便用ポスト時代」という言葉が聞かれるようになってきました。住宅区ごとに専用の宅配便用ポストが設置されて，荷物をこれらのポストに投函し，スマホのアプリでパスワードを送信して，ポストを開閉します。平日，仕事で忙しい人たちは，これを利用しており，とても便利です。

第15課　淘宝的网站上有这条围巾。
〔タオバオのウェブサイトにこのマフラーがあります。〕

本文の表現

我查查。Wǒ chácha.調べてみます。

淘宝的网站上有这条围巾。Táobǎo de wǎngzhàn shang yǒu zhè tiáo wéijīn.
タオバオのウェブサイトにこのマフラーがあります。

网站上多少钱？Wǎngzhàn shang duōshao qián?ウェブサイトではいくらですか。

现在包邮才八十八块八。Xiànzài bāoyóu cái bāshibā kuài bā.今は送料込みで88元8（角）です。

 会話

15-01

（鈴木さんはあるブランドのマフラーを買いたいので，張さんに店の情報を聞きます。）

铃木 翼：小张， 我们 学校 附近 有 没有 商店？
Língmù Yì: Xiǎozhāng, wǒmen xuéxiào fùjìn yǒu méiyǒu shāngdiàn?

张 思维：有 啊! 文汇路上 有 很 多 商店。
Zhāng Sīwéi: Yǒu a! Wénhuìlùshang yǒu hěn duō shāngdiàn.

铃木 翼：那 有 这 条 围巾 的 专卖店 吗？
Língmù Yì: Nà yǒu zhè tiáo wéijīn de zhuānmàidiàn ma?

张 思维：我 查查。诶，淘宝 的 网站上 有 这 条 围巾。还 很 便宜 呢!
Zhāng Sīwéi: Wǒ chácha. Éi, Táobǎo de wǎngzhànshang yǒu zhè tiáo wéijīn. Hái hěn piányi ne!
　　　　　你 来 看 一下。
　　　　　Nǐ lái kàn yíxià.

铃木 翼：网站上 多少 钱？
Língmù Yì: Wǎngzhànshang duōshao qián?

张 思维：现在 包邮 才 八十八 块 八。
Zhāng Sīwéi: Xiànzài bāoyóu cái bāshibā kuài bā.

読解

铃木 想 在 中国 买 两 条 围巾。他 想 去 学校 附近 的 商店 看看。
Língmù xiǎng zài Zhōngguó mǎi liǎng tiáo wéijīn. Tā xiǎng qù xuéxiào fùjìn de shāngdiàn kànkan.
可是，他 不 知道 去 哪里 买 围巾。于是，他 去 问 小张。 小张 经常 在
Kěshì, tā bù zhīdao qù nǎlǐ mǎi wéijīn. Yúshì, tā qù wèn Xiǎozhāng. Xiǎozhāng jīngcháng zài
网上 买 东西。所以，她 马上 在 淘宝 的 网站上 帮 铃木 找 围巾。
wǎngshang mǎi dōngxi. Suǒyǐ, tā mǎshàng zài Táobǎo de wǎngzhànshang bāng Língmù zhǎo wéijīn.
淘宝 是 一 个 网购 的 平台，有 各种 各样 的 商品。 小张 告诉 铃木 淘宝
Táobǎo shì yí ge wǎnggòu de píngtái, yǒu gèzhǒng gèyàng de shāngpǐn. Xiǎozhāng gàosu Língmù Táobǎo
上 的 围巾 不但 好看，而且 价格 还 便宜，现在 包邮 才 八十八 块 八。
shang de wéijīn búdàn hǎokàn, érqiě jiàgé hái piányi, xiànzài bāoyóu cái bāshibā kuài bā.

🎧 新出語句 🏃

1. 网站 wǎngzhàn 名ウェブサイト
2. 围巾 wéijīn 名襟巻き；マフラー
3. 文汇路 Wénhuìlù 名〈地名〉文滙路
4. 专卖店 zhuānmàidiàn 名専門店
5. 诶 éi 感嘆ほら（相手の注意を引くための表現）
6. 淘宝 Táobǎo 名タオバオ（中国のオンラインショッピングサイトの略称）
7. 还 hái 副また；さらに；そのうえ
8. 呢 ne 助〜よ
9. 包邮 bāo yóu 名送料込
10. 知道 zhīdao 動知っている
11. 于是 yúshì 接それで；そして（時間的な前後関係や因果関係を表す）
12. 问 wèn 動聞く；尋ねる
13. 经常 jīngcháng 副いつも
14. 马上 mǎshàng 副すぐに
15. 帮 bāng 動手伝う；助ける
16. 找 zhǎo 動探す
17. 平台 píngtái 名プラットフォーム
18. 各种各样 gèzhǒng gèyàng さまざまである
19. 商品 shāngpǐn 名商品
20. 不但〜而且… búdàn〜érqiě... 〜だけでなく，（さらに）…
21. 才 cái 副（数量などが少ないことを表す）まだ
22. 旅游 lǚyóu 動旅行する
23. 价格 jiàgé 名価格
24. 好看 hǎokàn 形（目で見て）美しい
   ☛好听 hǎotīng 形（聞いて）美しい

文法ポイント 📌

1 離合詞

　中国語では，VO 構造をとる 2 音節動詞は**離合詞**と呼ばれます。本来の語構造の中に，すでに目的語が含まれるので，そこにさらに目的語をとることができません。動詞 **"游"** と **"游泳"** ☛第9課を例として挙げると，"我能游 100 米。" とは言えますが，"我能游泳 100 米。" とは言えません。その他，以下のような，離合詞もあります。

吃饭 chī fàn〔ごはんを食べる〕　　打工 dǎ gōng〔バイトする〕　　打折 dǎ zhé〔割引する〕

逛街 guàng jiē〔街をぶらぶらする〕　喝酒 hē jiǔ〔お酒を飲む〕　　回家 huí jiā〔家に帰る〕

开车 kāi chē〔車を運転する〕　　看病 kàn bìng〔診察する〕　　请客 qǐng kè〔おごる〕

上课 shàng kè〔授業を受ける〕　　睡觉 shuì jiào〔寝る〕　　游泳 yóu yǒng〔水泳する〕…

☛離合詞は動詞と目的語で構成されているので，その間に時間量や動作量などを入れることができます。たとえば，"吃两个小时饭"、"打一会儿工"、"感一次冒"。
☛VO 構造をとるかどうかを判別しにくい場合もあります。辞書を引いてみたら，2 つの漢字の間に"//"が入っていることがあります。これは離合詞を表します。

2 「ちょっと〜する」の言い方③

　中国語では，以下の 4 つの方法で「ちょっと〜する」を表し，その動作の継続

75

時間が短いことを表したり，口調を柔らかくしたりすることができます。

動詞の重ね型   動作を繰り返す場合

①単音節の動詞（A）→AA 型，查查^{chácha}や试试^{shishi}など。

②音節の動詞（AB）→ABAB 型，休息休息^{xiūxi xiuxi}〔ちょっと休む〕など。

③離合動詞→VVO 型，上上网など。

動詞 "一" 動詞   動作を繰り返さない場合

查一查^{chá yi cha}、试一试^{shì yi shi}など。

動詞 "一下"   動作の継続時間の短さや量の少なさを表し，

相手に丁寧に依頼する際に，語気を和らげることができます。

查一下^{chá yí xià}，试一下^{shì yí xià}，休息一下^{xiū xi yí xià}など。

動詞 "了" 動詞   動作が既に終わった場合

看了看，查了查など。

☞「動詞＋動詞」および「動詞＋ "一" ＋動詞」は同じ動作を繰り返すことのできる１音節の動詞にしか使えません。また，動詞を重ねるタイプ（AA，ABAB）の場合は，２つ目の動詞は軽声で発音されます。ただし，「動詞＋ "一" ＋動詞」の場合は，"一" が軽声で発音され，２つ目の動詞はもとの声調で発音されるので，注意してください。

③複文　"不但～，而且…"

「～ばかりでなく，（さらに）…」という意味を表します。

网购不但价格便宜，而且很方便。Wǎnggòu búdàn jiàgé piányi, érqiě hěn fāngbiàn.

（ネットショッピングは値段が安いだけでなく便利です。）

那件衣服不但不好看，而且很贵。Nà jiàn yīfu búdàn bù hǎokàn, érqiě hěn guì.

（その服は見映えも良くなく，その上値段も高いです。）

実践練習

1. 単語を聞き取ってその簡体字，ピンインと日本語の意味を書いてください。

①   ④

②   ⑤

③   ⑥

⑦ _____   ⑧ _____

2．語を正しく並べ替えて発音してみましょう。

① 吗　这　有　淘宝上　件　T恤衫

_____

② 复习　去　我　复习　汉语　图书馆

_____

③ 旁边　公园　有　书店　那个

_____

④ 那里　不贵　的　咖啡　不但　好喝　而且　价格

_____

15-04

3．中国語の質問を聞いて，中国語で答えてください。

① _____

② _____

③ _____

4．次の文の間違いを直しましょう。

① 医院旁边不有商店。

_____

② 你能回一下答这个问题吗？

_____

③ 这条围巾有淘宝上。

_____

5．2人でショッピングをめぐって会話を作り，ロールプレイをしましょう。

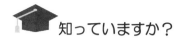 知っていますか？

中日割引表現の違い

　中国語の“打折”は，動詞で「割引する」という意味です。具体的にどのくらい割引くかは“打”と割引を意味する名詞の“折”の間に数字を置いて示します。ただし，40%引きに対して，日本語では「4割引」と言いますが，中国語では“打六折”と表現します。つまり，日本語では割引した数値を示すのに対して，中国語では割引後の売値の割合を示します。割引表現については，誤解しやすいので，注意してください。

豆知識

ネットショッピング

　中国の電子商取引（electronic commerce, EC と省略）市場は，毎年破竹の勢いで成長しています。中国インターネット情報センター（CNNIC）が 2019 年 2 月 28 日に発表した「第 43 回中国インターネット発展状況統計報告」では，中国のネットショッピング利用者は 6 億人を超え，そのうちの 5 億 9,191 万人はスマートフォンなどの携帯端末でネットショッピングをしていると報告されています。

　中国で人気の通販 EC アプリには，“淘宝^{Táobǎo}”，“京东^{Jīngdōng}”，“天猫^{Tiānmāo}”，“拼多多^{Pīnduōduō}”などがあります。EC プラットフォームでの販売促進活動に力を入れており，SNS や Web サイトでの口コミ評価を通じて人気を集めています。ここ数年，“天猫”や“淘宝”などはライブ動画配信機能を導入して，いつでもどこでもショッピングできるようにしており，人々の日常生活に欠かせないものとなっています。

　2009 年 11 月 11 日に，アリババグループが運営する EC プラットフォームで大規模な販売促進イベントが開催されました。「1」は，1 人ということで独身者のこと。11 月 11 日は，すべて 1 なので「独身の日」として，買い物をしようというイベントを企画したのです。その結果，予想を大きく超える売り上げとなり，それ以来，11 月 11 日は“双十一购物狂欢节^{shuāng shíyī gòuwù kuánghuān jié}（双十一ショッピングカーニバル）”と呼ばれ，毎年いろいろな EC サイトで大規模な販売促進イベントが行われるようになりました。EC サイトが，最も盛り上がる日です。

第16課　你能手机支付吗？

〔あなたは携帯での支払いができますか。〕

本文の表現

我选哪件好呢？ Wǒ xuǎn nǎ jiàn hǎo ne? 私はどれを選べばいいですか。

你可以先看看别人的评论，然后再做选择。 Nǐ kěyǐ xiān kànkan biérén de pínglùn, ránhòu zài zuò xuǎnzé.
あなたは先に他の人のコメントを読んでから、選択をしてもいいです。

现在买两件还能打四折呢！ Xiànzài mǎi liǎng jiàn hái néng dǎ sìzhé ne!
今、2枚を買うと6割引にできますよ。

你能手机支付吗？ Nǐ néng shǒujī zhīfù ma? あなたは携帯での支払いができますか。

你是怎么支付的？ Nǐ shì zěnme zhīfù de? あなたはどうやって支払うのですか。

 会話

16-01

（鈴木さんはタオバオでTシャツを購入するつもりです。張さんに尋ねます）

张 思维：铃木，网上 有 很 多 这个 牌子 的 T恤衫。你 看看。
Zhāng Sīwéi: Língmù, wǎngshang yǒu hěn duō zhège páizi de T xùshān. Nǐ kànkan.

铃木 翼：是 啊！这么 多。又 便宜 又 好看。我 选 哪件 好 呢？
Língmù Yì: Shì a! Zhème duō. Yòu piányi yòu hǎokàn. Wǒ xuǎn nǎ jiàn hǎo ne?

张 思维：你 可以 先 看看 别人 的 评论，然后 再 做 选择。
Zhāng Sīwéi: Nǐ kěyǐ xiān kànkan biérén de pínglùn, ránhòu zài zuò xuǎnzé.

铃木 翼：好 的！现在 买 两件 还 能 打 四 折 呢！
Língmù Yì: Hǎo de! Xiànzài mǎi liǎng jiàn hái néng dǎ sì zhé ne!

张 思维：是 吗？那 快 买 吧！
Zhāng Sīwéi: Shì ma? Nà kuài mǎi ba!

铃木 翼：可是 我 怎么 付款？
Língmù Yì: Kěshì wǒ zěnme fùkuǎn?

张 思维：你 能 手机 支付 吗？
Zhāng Sīwéi: Nǐ néng shǒujī zhīfù ma?

铃木 翼：能。可是 我 不 会 操作。
Língmù Yì: Néng. Kěshì wǒ bú huì cāozuò.

张 思维：没 关系，我 教 你。只要 能 上网，就 行。
Zhāng Sīwéi: Méi guanxi, wǒ jiāo nǐ. Zhǐyào néng shàngwǎng, jiù xíng

読解 📖

　　以前 有 "一 铺 养 三 代" 的 说法。因为 能 看到 实物，还 能 试穿，
　　Yǐqián yǒu " yí pù yǎng sān dài" de shuōfǎ. Yīnwèi néng kàndào shíwù, hái néng shìchuān.
所以 大家 买 衣服 的 时候，都 会 选择 去 商店。可是，现在 的 年轻人
suǒyǐ dàjiā mǎi yīfu de shíhou, dōu hui xuǎnzé qù shāngdiàn. Kěshì, xiànzài de niánqīngrén
都 喜欢 网购。网购 不但 价格 便宜，而且 很 方便。网上 有 很 多
dōu xǐhuan wǎnggòu. Wǎnggòu búdàn jiàgé piányi, érqiě hěn fāngbiàn. Wǎngshang yǒu hěn duō

79

T恤衫，又 便宜 又 好看。铃木 也 想 网购。可是，铃木 不 会 用 手机
T xùshān,　yòu piányi　yòu hǎokàn. Língmù yě xiǎng wǎnggòu. Kěshì,　Língmù bú huì yòng shǒujī
付款。于是，小张　教 铃木　网上　支付。现在，大家 买 衣服 的 时候，会
fùkuǎn.　Yúshì, Xiǎozhāng jiāo Língmù wǎngshàng zhīfù.　Xiànzài, dàjiā mǎi yīfu　de shíhou,　huì
选择 去 实体店，还是 选择 去 网店？
xuǎnzé qù　shítǐdiàn,　háishì　xuǎnzé qù wǎngdiàn?

🎧 **新出語句** 🏃
16-02

1. 牌子 páizi 名ブランド
2. 选 xuǎn 動選ぶ
3. 别人 biérén 代他の人
4. 评论 pínglùn 名コメント
5. 选择 xuǎnzé 名選択
6. 付款 fù kuǎn 動お金を支払う
7. 支付 zhīfù 動支払う；支給する
8. 操作 cāozuò 動操作する；取り扱う
9. 只要～就… zhǐyào～jiù... ～しさえすれば…
10. 行 xíng 形よろしい
    ☞否定：不行 bù xíng だめ
11. 以前 yǐqián 名以前
12. 一铺养三代 yí pù yǎng sān dài
    1 店舗は 3 世代を養える

13. 说法 shuōfǎ 名言い方
14. 会 huì 助動～だろう；～のはずだ
15. 看到 kàndào 動見える
16. 实物 shíwù 名実物
17. 试穿 shìchuān 動試着する
18. 时候 shíhou 名とき；時期
19. 年轻人 niánqīngrén 名若者
20. 实体店 shítǐdiàn 名（ネットショップに
    対して）実店舗
21. 网店 wǎngdiàn 名オンラインショップ
22. 扔 rēng 動捨てる
23. 垃圾 lājī 名ゴミ
24. 上个月 shànggeyuè 名先月
25. 因为 yīnwèi 接～のために
26. 下雨 xiàyǔ 動雨が降る

文法ポイント 📔

1 可能を表す表現②

　“会”，“能”，“可以”は助動詞で，動詞の前に置かれ，「主語＋“会/能/可以”
＋動詞＋目的語」の語順で能力▶第9課または可能性を表します。日本語では，「できる」という訳になります。否定形では，“不”と共に使われ，「主語＋不＋“会/能/可以”＋動詞＋目的語」の語順になり，否定を表します。

(会)　①技術を習得した結果「できる」ことを表します。

　〈肯定文〉我会说汉语。Wǒ huì shuō Hànyǔ.（私は中国語を話すことができます。）

　〈否定文〉我不会说汉语。Wǒ bú huì shuō Hànyǔ.（私は中国語を話すことができません。）

　〈"吗"疑問文〉你会说汉语吗？Nǐ huì shuō Hànyǔ ma?

　　　　　　　（あなたは中国語を話すことができますか。）

　　　　②「可能性」を表します。未来だけではなく，過去や現在の可能性を
示すこともできます。

　　明天会下雨。Míngtiān huì xiàyǔ.（明日は雨が降るだろう。）

大家买衣服的时候，都会选择去商店。Dàjiā mǎi yīfu de shíhou, dōu huì xuǎnzé qù shāngdiàn.
（みんなは服を買う時，店に行くことを選ぶはずです。）

（能）　　ある能力や条件が備わって「できる」ことを表します。

〈肯定文〉　现在买两件能打折。Xiànzài mǎi liǎng jiàn néng dǎzhé.
（今，2枚買うと割引できます。）

〈否定文〉　现在买两件不能打折。Xiànzài mǎi liǎng jiàn bù néng dǎzhé.
（今，2枚買っても割引できません。）

〈"吗"疑問文〉　现在买两件能打折吗？Xiànzài mǎi liǎng jiàn néng dǎzhé ma?
（今，2枚買うと割引できますか。）

（可以）　　許可や条件によって認められて「できる」ことを示します。

〈肯定文〉　这里可以扔垃圾。Zhèlǐ kěyǐ rēng lājī.（ここにゴミを捨てることができます。）

〈否定文〉　这里不可以扔垃圾。Zhèlǐ bù kěyǐ rēng lājī.（ここにゴミを捨ててはいけません。）

〈"吗"疑問文〉　这里可以扔垃圾吗？Zhèlǐ kěyǐ rēng lājī ma?
（ここにゴミを捨てることができますか。）

☞中国語の禁止表現として，"不可以"，"不能"，"不要"が挙げられます。

"不可以"は「～してはいけない」という禁止を表します。

"不能"は能力や条件が備わっていないことによる実現不可能の意味を表しますが，他人に許可できないため，「～してはならない」という「不許可」の意味（禁止）になります。また，主語に対する禁止の要求を表すこともできます。

"不要"は「～したくない／～してほしくない」というような主語の否定的意志や願望を表します。

② 2つの"怎么"

中国語の"怎么"は後に来る動詞が肯定形か否定形かによって2つの意味があります。1つは「どのように」という意味です。この場合，「"怎么"＋動の肯定形」で「方式」を尋ねることになります。もう1つは「なぜ」という意味です。この場合，「"怎么"＋動の否定形」で「理由」を尋ねることになり，あやしむニュアンスを含みます。また，「"怎么"＋"这么/那么"＋形」で「理由」を尋ねることもできます。

怎么付款？Zěnme fùkuǎn?（どのようにお金を支払いますか。）

你怎么不吃？Nǐ zěnme bù chī?（あなたはなぜ食べないんですか。）

今天怎么这么冷？Jīntiān zěnme zhème lěng?（今日はどうしてこんなに寒いんですか。）

③ 複文　"只要～，就…"

「Aしさえすれば，B」という意味を表します。

只要能上网，就行。Zhǐyào néng shàngwǎng, jiù xíng.
（インターネットに接続できればいいです。）

你只要好好儿休息，感冒就能好。Nǐ zhǐyào hǎohāor xiūxi, gǎnmào jiù néng hǎo.
(あなたはしっかりと休めば，風邪が治ります。)

実践練習

1. 単語を聞き取ってその簡体字，ピンインと日本語の意味を書いてください。
16-03

① ⑤

② ⑥

③ ⑦

④ ⑧

2. 語を正しく並べ替えて発音してみましょう。

① 有　T恤衫　牌子　这个　网上　的　很多

_____

② 手机　吗　你　支付　能

_____

③ 就　只要　上网　行　能

_____

④ 你　上课　每天　是　学校　的　去　怎么

_____

⑤ 先　你　然后　做　的　别人　再　选择　评论　可以　看看

_____

3. 中国語の質問を聞いて，中国語で答えてください。
16-04

① _____

② _____

③ _____

4. 次の日本語を中国語に訳しましょう。

① 鈴木さんは中国語を話せますか。

_____

② 私は 200 メートル泳げます。

_____

③ まずお昼ごはんを食べて，それから学校へ行きます。

_____

④ 私は携帯で支払うことができません。

_____

5. 2人でネットショッピングを話題にして会話をしましょう。

決済事情

　携帯スマホ端末を利用した決済サービスが浸透して，中国では現金を持たずに出かけるのが普通になりました。バス，タクシー，シェア自転車(共享单车 gòngxiǎng dān chē)，屋台や高級レストランでの食事，オンラインショッピングでの支払い，公共料金の支払い，各種のチケットの購入，医療費の支払い，スーパーでのちょっとした買い物まで，日常生活におけるすべての決済がキャッシュレスになっています。携帯を使って支払うことが当たり前になり，携帯が生活に欠かせなくなりました。モバイル端末の利用者のうち，およそ7割強が毎日電子決済を利用しているという報告があり，現在では，現金払いは時代遅れと考えられるようになってきました。このような大きな変化をもたらしたのは，二次元バーコードの誕生とそれを多くの人々へと短期間で伝える SNS の普及の結果です。二次元バーコードは，中国語では"二维码 èrwéimǎ"といいます。2本の線（"二维"）で番号（"码"）を示すので，こう呼ばれます。現在，中国では二次元バーコードよりもセキュリティが高く，情報量も多く，識別度も高い VR コード（VR, Visual Recognition）の開発と利用に力を入れています。近い将来，VR コードが二次元バーコードに取って代わることが期待されています。

第17課　这里的 Wi-Fi 信号不好。

〔ここの Wi-Fi の接続は不安定です。〕

本文の表現

你有空吗？ Nǐ yǒu kòng ma?あなたは時間がありますか。

地铁站离学校远不远？ Dìtiězhàn lí xuéxiào yuǎn bu yuǎn?地下鉄の駅は学校から遠いですか。

从学校到地铁站步行大约十一二分钟。 Cóng xuéxiào dào dìtiězhàn bùxíng dàyuē shíyīèr fēnzhōng.
学校から地下鉄の駅まで歩いて約10分です。

不好意思。 Bù hǎo yìsi.すみません。

能不能再说一遍？ Néng bu néng zài shuō yí biàn?もう一度言ってもらえますか。
那我们星期六上午十一点见！ Nà wǒmen xīngqīliù shàngwǔ shíyī diǎn jiàn!
じゃあ、土曜日の午前11時に会いましょう！

会話

(張さんは，鈴木さんを有名な上海料理店に連れていき，昼食をごちそうした
いと思っています。鈴木さんの都合を WeChat の音声電話で確認します。)

张 思维：铃木，星期五，你 有 空 吗？我们 一起 去 上海 饭店 吃 午饭 吧。
Zhāng Sīwéi: Língmù, xīngqīwǔ, nǐ yǒu kòng ma? Wǒmen yìqǐ qù Shànghǎi fàndiàn chī wǔfàn ba.

铃木 翼：好 啊！但是，明天 下午 我 有 课。星期六 怎么样？
Língmù Yì: Hǎo a! Dànshì, míngtiān xiàwǔ wǒ yǒu kè. Xīngqīliù zěnmeyàng?

张 思维：行 啊！那 我们 星期六 上午 十一 点 在 地铁站 见！我 带 你 去。
Zhāng Sīwéi: Xíng a! Nà wǒmen xīngqīliù shàngwǔ shíyī diǎn zài dìtiězhàn jiàn! Wǒ dài nǐ qù.

铃木 翼：地铁站 离 学校 远 不 远？
Língmù Yì: Dìtiězhàn lí xuéxiào yuǎn bu yuǎn?

张 思维：从 学校 到 地铁站 步行 大约 十一二 分钟。
Zhāng Sīwéi: Cóng xuéxiào dào dìtiězhàn bùxíng dàyuē shíyīèr fēnzhōng.

铃木 翼：喂喂，不 好 意思。刚才 这里 的 Wi-Fi 信号 不 太 好。
Língmù Yì: Wéiwéi, bù hǎo yìsi. Gāngcái zhèlǐ de Wi-Fi xìnhào bú tài hǎo.
　　　　　能 不 能 再 说 一 遍？
　　　　　Néng bu néng zài shuō yí biàn?

张 思维：我 说：从 学校 到 地铁站 步行 大约 十 分钟 左右，不 远。
Zhāng Sīwéi: Wǒ shuō: cóng xuéxiào dào dìtiězhàn bùxíng dàyuē shí fēnzhōng zuǒyòu, bù yuǎn.

铃木 翼：好！那 我们 星期六 十一 点 见！
Língmù Yì: Hǎo! Nà wǒmen xīngqīliù shíyī diǎn jiàn!

読解

　　小张 星期五 打算 和 铃木 一起 吃 午饭。于是， 她 用 微信 给 铃木
　　Xiǎozhāng xīngqīwǔ dǎsuan hé Língmù yìqǐ chī wǔfàn. Yúshì, tā yòng Wēixìn gěi Língmù
打 电话，确认 时间。铃木 说 他 星期五 下午 有 课，没有 时间 出去 吃。
dǎ diànhuà, quèrèn shíjiān. Língmù shuō tā xīngqīwǔ xiàwǔ yǒu kè, méiyǒu shíjiān chūqu chī.

不过，他 星期六 没有 课，有 时间。所以，铃木 和 小张 决定 星期六 一起
Búguò, tā xīngqīliù méiyǒu kè, yǒu shíjiān. Suǒyǐ, Língmù hé Xiǎozhāng juédìng xīngqīliù yìqǐ
去 上海 饭店 吃 午饭。他们 星期六 上午 十一 点 先 在 地铁站 见面，然后
qù Shànghǎi fàndiàn chī wǔfàn. Tāmen xīngqīliù shàngwǔ shíyī diǎn xiān zài dìtiězhàn jiànmiàn, ránhòu
小张 带 铃木 坐 地铁 去 上海 饭店。铃木 住在 学校 附近。从 学校 到
Xiǎozhāng dài Língmù zuò dìtiě qù Shànghǎi fàndiàn. Língmù zhùzài xuéxiào fùjìn. Cóng xuéxiào dào
地铁站 步行 大约 十 多 分钟，不 远。
dìtiězhàn bùxíng dàyuē shí duō fēnzhōng, bù yuǎn.

🎧 新出単語 🏃

1. 信号 xìnhào 名信号
2. 喂 wéi 感嘆（電話をかける時）もしもし
3. 空 kòng 名暇
4. 上海饭店 Shànghǎi fàndiàn 名上海飯店
5. 但是 dànshì 接しかし；でも
6. 午饭 wǔfàn 名昼ごはん
7. 上午 shàngwǔ 名午前
8. 地铁站 dìtiězhàn 名地下駅
9. 带 dài 動連れる；率いる
10. 步行 bùxíng 動歩く；歩行する
11. 大约 dàyuē 副大体；およそ
12. 不好意思。 Bù hǎo yìsi. すみません。
13. 多 duō 数〜あまり
14. 左右 zuǒyòu 名ぐらい；前後
15. 打算 dǎsuan 動〜するつもりである
16. 确认 quèrèn 動確認する
17. 不过 búguò 接しかし
18. 决定 juédìng 動（〜することに）決める
19. 见面 jiànmiàn 動顔を合わす；対面する
20. 住 zhù 動住む（住在 zhùzài〜に住む）
21. 又 yòu 副また
22. 迟到 chídào 動遅刻する

文法ポイント 📝

1 副詞① "再"，"又"，"还"　　　　　　　　　　　☞第21課：副詞②

動詞の前に置いて「また」という意味を表す。

"再" これから繰り返しが起こる時に使います。未来の「また」です。

"又" 既に繰り返しが起こった時に使います。過去の「また」です。

"还" これから起こり得ることまたは行為や状態が継続していることを表す時に使います。

请再说一遍。Qǐng zài shuō yí biàn.（もう一度言ってください。→これから言います。）

铃木又迟到了。Língmù yòu chídào le.（鈴木さんはまた遅刻しました。→既に遅れました。）

你明天还来吗？Nǐ míngtiān hái lái ma?（あなたは明日また来ますか。）

他还住在上海。Tā hái zhùzài Shànghǎi.（彼はまだ上海に住んでいます。）

2 概数を表す表現

中国語には，概数を表す表現がいろいろあります。以下では３つの概数を表す

85

表現を紹介します。

　①連続する２つの数字を重ねて表します。

　　　十一二分钟 shíyīèr fēnzhōng　三四百个人 sānsì bǎi ge rén

　②「数字＋"多"」で表す表現：

　　　三十多分钟 sānshi duō fēnzhōng　五十多个人 wǔshi duō ge rén

　③「～"左右"」で表す表現：

　　　十分钟左右 shí fēnzhōng zuǒyòu　两个星期左右 liǎng ge xīngqī zuǒyòu

3 "打算～"

　「"打算"＋動詞」の語順で，「～するつもりである」を表します。否定は "不" を使って，"不打算～" です。

　　　周末你打算干什么？ Zhōumò nǐ dǎsuan gàn shénme?

　　　（週末，あなたは何をするつもりですか。）

　　　我打算去商店买东西。Wǒ dǎsuan qù shāngdiàn mǎi dōngxi.

　　　（私は店へ買い物に行くつもりです。）

実践練習

1．単語を聞き取ってその簡体字，ピンインと日本語の意味を書いてください。

17-03

　　①　　　　　　　　　　　　⑤

　　②　　　　　　　　　　　　⑥

　　③　　　　　　　　　　　　⑦

　　④　　　　　　　　　　　　⑧

2．以下の語から適切なものを選んで（　）に入れ，文を完成させてください。

| 从 | 到 | 离 | 在 | 能 | 会 | 不可以 | 多 |

　①　她家（　　　　）地铁站很远，步行大约五十（　　　　）分钟。

　②　我（　　　）游一百米。

　③　你（　　　）再说一遍吗？

　④　（　　　）学校（　　　）邮局不远。

⑤ 超市（　　　　　）医院附近。

⑥ 地铁里（　　　　　）吃东西。

⑦ 铃木（　　　　　）说汉语。

3. 中国語の質問を聞いて，中国語で答えてください。

① ＿＿＿＿＿＿＿＿＿＿＿＿＿＿＿＿＿＿＿＿＿＿＿

② ＿＿＿＿＿＿＿＿＿＿＿＿＿＿＿＿＿＿＿＿＿＿＿

③ ＿＿＿＿＿＿＿＿＿＿＿＿＿＿＿＿＿＿＿＿＿＿＿

4. 相手の予定を尋ねることをテーマにして，ロールプレイをしましょう。

豆知識

上海の地下鉄事情

　上海は中華人民共和国の直轄市であり，中国の東部に位置し，工業，商業，金融，貿易，科学技術などが発展した国際都市です。上海市統計局の 2023 年 3 月 28 日に発表した人口調査によると，2022 年の上海の常住人口は 2,475.89 万人，このうち，上海に戸籍を持つ常住者の数は 1,469.63 万人で，他地域に戸籍を持つ常住者は 1,006.26 万人です。また，他地域に戸籍を持つ常住者のうち，主要な出身地の割合が高い順で，安徽省（23.2%），江蘇省（16.1%），河南省（11.6%），四川省（6.1%），江西省（5.6%），浙江省（5.3%）と山東省（4.4%）となっています。上海は中国で最も人口密度の高い都市で，人口が密集した都市です。上海の地下鉄は，1993 年の 4 月に上海市の中心部を南北に貫く地下鉄 1 号線の徐家匯（徐家汇 Xújiāhuì）から錦江楽園（锦江乐园 Jǐnjiāng lèyuán）の区間の 6.6km が部分的に開通したことに始まります。その後は，急速に発展し，30 年間で 20 路線の地下鉄が作られました。現在，上海の地下鉄の総延長は 831km（2023 年 7 月現在）で，20 路線 508 駅になりました。1 日あたりの平均乗客数で最高を記録したのは 2019 年 3 月 8 日の 1329.40 万人です。上海の地下鉄は，1 都市における路線網としては，世界最長であるといわれています。

第18課　怎么用手机点菜？
〔どうやって携帯で注文するのですか。〕

---本文の表現---

请问，怎么用手机点菜？ Qǐng wèn, zěnme yòng shǒujī diǎn cài?

すみません，どうやって携帯で注文するのですか。

这是菜单的二维码，请您扫一下。Zhè shì càidān de èrwéimǎ, qǐng nín sǎo yíxià.

こちらはメニューの二次元バーコードです。どうぞスキャンしてください。

你要喝什么？橙汁还是啤酒？ Nǐ yào hē shénme? Chéngzhī háishì píjiǔ?

あなたは何を飲みたいですか。オレンジジュースですか，それともビールですか。

我都想尝尝。Wǒ dōu xiǎng chángchang. 私は全部味わってみたいです。

会話

18-01

（張さんと鈴木さんは上海飯店に着きました。この店では，携帯で注文します。）

张 思维：请问，怎么用手机点菜？
Zhāng Sīwéi: Qǐngwèn, zěnme yòng shǒujī diǎn cài?

大堂经理：这是菜单的二维码，请您扫一下。
Dàtáng jīnglǐ: Zhè shì càidān de èrwéimǎ, qǐng nín sǎo yíxià.

张 思维：原来是这样啊！铃木，你要喝什么？橙汁还是啤酒？
Zhāng Sīwéi: Yuánlái shì zhèyàng a! Língmù, nǐ yào hē shénme? Chéngzhī háishì píjiǔ?

铃木 翼：我不会喝酒，喝橙汁吧。
Língmù Yì: Wǒ bú huì hē jiǔ, hē chéngzhī ba.

张 思维：好吧。请问，椰奶在哪里？
Zhāng Sīwéi: Hǎo ba. Qǐngwèn, yēnǎi zài nǎlǐ?

大堂经理：在这里，五十八块一杯。
Dàtáng jīnglǐ: Zài zhèlǐ, wǔshíbā kuài yì bēi.

张 思维：那我们要点一杯橙汁和一杯椰奶
Zhāng Sīwéi: Nà wǒmen yào diǎn yì bēi chéngzhī hé yì bēi yēnǎi.

大堂经理：好的。请在这里选择"冰镇"或者"常温"。
Dàtáng jīnglǐ: Hǎo de. Qǐng zài zhèlǐ xuǎnzé "bīngzhèn" huòzhě "chángwēn".

张 思维：铃木，你想吃什么？这家饭店的菜是正宗的上海菜。
Zhāng Sīwéi: Língmù, nǐ xiǎng chī shénme? Zhè jiā fàndiàn de cài shì zhèngzōng de Shànghǎicài.

　　　　　红烧肉怎么样？大闸蟹呢？
　　　　　Hóngshāoròu zěnmeyàng? Dàzháxiè ne?

铃木 翼：正宗的上海菜一定很好吃吧？我都想尝尝。
Língmù Yì: Zhèngzōng de Shànghǎicài yídìng hěn hǎochī ba? Wǒ dōu xiǎng chángchang.

読解

　　星期六中午，小张和铃木在上海饭店点菜。这家饭店很特别，
　　Xīngqīliù zhōngwǔ, Xiǎozhāng hé Língmù zài Shànghǎi fàndiàn diǎn cài. Zhè jiā fàndiàn hěn tèbié,
桌子上没有菜单，只有二维码。小张不会用二维码点菜。于是，大堂
zhuōzishang méiyǒu càidān, zhǐ yǒu èrwéimǎ. Xiǎozhāng bú huì yòng èrwéimǎ diǎn cài. Yúshì, dàtáng

经理 教 他们 扫 二维码 点 菜。铃木 不 会 喝 酒，小张 喜欢 喝 椰奶，所以
jīnglǐ jiāo tāmen sǎo èrwéimǎ diǎn cài. Língmù bú huì hē jiǔ, Xiǎozhāng xǐhuan hē yēnǎi, suǒyǐ
他们 点了 一 杯 冰镇 的 橙汁 和 一 杯 冰镇 的 椰奶。这 家 饭店 的 菜 都
tāmen diǎnle yì bēi bīngzhèn de chéngzhī hé yì bēi bīngzhèn de yēnǎi. Zhè jiā fàndiàn de cài dōu
是 正宗 的 上海菜。 小张 觉得 红烧肉 和 大闸蟹 是 上海菜 的 代表，
shì zhèngzōng de Shànghǎicài. Xiǎozhāng juéde hóngshāoròu hé dàzháxiè shì Shànghǎicài de dàibiǎo,
所以 她 先 跟 铃木 推荐了 这 两 道 菜。铃木 太 饿 了，这 两 道 菜，他 都
suǒyǐ tā xiān gēn Língmù tuījiànle zhè liǎng dào cài. Língmù tài è le, zhè liǎng dào cài, tā dōu
想 尝尝。你们 喜欢 吃 什么 菜?
xiǎng chángchang. Nǐmen xǐhuan chī shénme cài?

 新出語句 🏃

18-02

1. 大堂经理 dàtáng jīnglǐ 名ロビーマネージャー
2. 菜单 càidān 名メニュー
3. 二维码 èrwéimǎ 名二次元バーコード
4. 请 qǐng 動（文頭に置いて依頼表現を作る）〜をしてください
5. 扫 sǎo 動スキャンする
6. 原来 yuánlái 副〜だったのか
7. 橙汁 chéngzhī 名オレンジジュース
8. 啤酒 píjiǔ 名ビール
9. 椰奶 yēnǎi 名ココナツミルク
10. 要 yào 助動〜したい；〜するつもりである（意志を表す）
11. 冰镇 bīngzhèn 動氷などで冷やす
12. 或者 huòzhě 接あるいは
13. 常温 chángwēn 名常温
14. 家 jiā 量社；軒；店舗
15. 正宗 zhèngzōng 形本場の；本格の
16. 上海菜 Shànghǎicài 名上海料理
17. 红烧肉 hóngshāoròu 名豚バラの醤油煮
18. 大闸蟹 dàzháxiè 名上海蟹
19. 一定 yídìng 副きっと
20. 尝 cháng 動味わう
21. 吧 ba 助文末に用いて推量を表す
22. 中午 zhōngwǔ 名昼
23. 特别 tèbié 形特別である
24. 觉得 juéde 動〜のような気がする
25. 代表 dàibiǎo 名代表
26. 推荐 tuījiàn 動薦める
27. 饿 è 形腹が空いている
28. 道 dào 量品；つ；回

文法ポイント 📌

1 願望を表す表現②

「主語＋“要”＋動詞＋目的語」の語順で「〜したい」または「〜しなければならない」を表します。

〈肯定文〉 我要喝橙汁。Wǒ yào hē chéngzhī.（私はオレンジジュースを飲みたいです。）

〈否定文〉 我不想喝橙汁。Wǒ bù xiǎng hē chéngzhī.
（私はオレンジジュースを飲みたくないです。）

〈“吗”疑問文〉 你要喝橙汁吗？Nǐ yào hē chéngzhī ma?
（あなたはオレンジジュースを飲みたいですか。）

〈疑問詞疑問文〉 你要喝什么？Nǐ yào hē shénme?（あなたは何を飲みたいですか。）

☛ "想" "想要" "要" の違い

"想" は，単純に「～したい」という意味で願望を表しますので，"不想" は「～したくない」という意味になります。"我想买东西"（買い物をしたい）とか，もう遅くなったので "我想回去"（帰りたい）とか，日常生活でとても重要な表現です。

"想" と比べて，"要" は「～したい」という願望より「これからするつもりである」という意志を表すこともできます。また，否定形の "不要" は「～してはいけない」という禁止の意味を表しますので，「～したくない」を表す場合，"不想" を使います。

"想要" は上記の2つの助動詞と比べて，より強い願望を表す時に使われます。

② ものの数え方：量詞②

量詞と名詞の組み合わせ②

量詞	ピンイン	意味	例
道	dào	料理，命令，指示，課題などを数える	cài, wèntí 菜, 问题
家	jiā	企業，商店，家庭などを数える	fàndiàn, shāngdiàn 饭店, 商店
块	kuài	塊状のものを数える	dàngāo, miànbāo 蛋糕, 面包
辆	liàng	車両を数える	dìtiě, bāshì 地铁, 巴士〔バス〕
双	shuāng	ペアで1組になっているものを数える	kuàizi, xié 筷子〔箸〕, 鞋
头	tóu	大型の動物を数える	shīzi, dàxiàng 狮子〔獅子〕, 大象〔象〕
碗	wǎn	碗に盛るものを数える	fàn, tāng 饭〔ごはん〕, 汤〔スープ〕
位	wèi	尊敬の意を示すために，目上の人や客人などの人数を数える	lǎoshī, kèrén 老师, 客人〔客人〕
支	zhī	棒状のものを数える	bǐ, yān 笔〔ペン〕, 烟〔タバコ〕

☛ 日本語では名詞の前に「の」を使って「一杯のコーヒー」と表現しますが，中国語では，「数詞＋量詞」で名詞を直接修飾しますので，名詞の前に "的" を使わず，"一杯咖啡" といいます。"这家饭店是正宗的上海菜。" のように，"这、那、哪" といった指示代名詞の後に付く場合，「**指示代名詞（＋数詞）＋量詞＋名詞**」の語順となります☛第4課：ものの数え方：量詞①。また，数が一つの場合は，"1" は省略することもできます。

☛ 中国語の "**量詞**" は日本語の「助数詞」と同じで，日常生活でよく使われます。対象

となるものの形の特徴により使い分けがあります。日本語の助数詞と共通するものもありますが、違うものも多いので、注意しましょう。

③ "吧" を用いる疑問文

"吧" は語気助詞として文末に置いて勧誘を表す他 ☞第 11 課：吧 ba，推量を表すこともできます。ある物事に対して、不確かな気持ちを持つ時に、"吧" を用いて聞くことができます。

正宗的上海菜一定很好吃吧？Zhèngzōng de Shànghǎicài yídìng hěn hǎochī ba?
(本場の上海料理はきっとおいしいでしょう。)
他是想去中国的吧？Tā shì xiǎng qù Zhōngguó de ba? (彼は中国に行きたいのでしょう。)
铃木很喜欢喝酒吧？Língmù hěn xǐhuan hē jiǔ ba?
(鈴木さんはお酒を飲むのが好きでしょう。)

実践練習

1．単語を聞き取ってその簡体字、ピンインと日本語の意味を書いてください。

① ⑤

② ⑥

③ ⑦

④ ⑧

2．以下の語から適切なものを選んで（　）に入れ、文を完成させてください。

点　能　会　不　可以　还是　想不想

① 铃木（　　　　）喝酒。

② 我（　　　　）喝三杯啤酒。

③ 你想吃小笼包（　　　　）大闸蟹？

④ 你（　　　　）吃上海菜？

⑤ 图书馆里（　　　　）吃东西。

⑥ 这家店（　　　　）手机支付。

3．次の日本語を中国語に訳しましょう。

① 私はビールを飲めません。あなたは？

_____

② 鈴木さんはオレンジジュースを飲みたがっています。

_____

③ 妹は冷たいココナツミルクを一杯欲しがっています。

_____

④ あなたは日本料理と上海料理，どちらを食べますか。

_____

⑤ すみません，どうやって携帯を使って注文しますか。

_____

4．レストランでの注文をテーマにして，会話をしましょう。

豆知識

レストランでの注文方法

　中国のレストランで注文する方法は店によって異なり，大きく分けると2種類になります。1つは，テーブルに置いてあるメニューを見て，そのテーブルで注文する伝統的なスタイルです。もう1つは，スマホで料理を注文するスタイルです。このスタイルは，最近の流行りでかなり増えています。まず中国の大都市である上海で始まり，速いスピードで全国へ普及しました。スマホでの注文の普及は，二次元バーコードの誕生と関係しています。レストランのテーブルには，二次元バーコードが付いたシールが貼ってあり，客がそれをスマホで読み込むと，メニューが出てきます。そのメニューを見て，欲しいものにタッチすれば，注文をすることができます。二次元バーコードには，テーブル番号の情報も含まれているので，スタッフは料理ができたらテーブルまで運んでくれます。また支払いも，スマホ画面から電子決済アプリの"支付宝（アリペイ）"または"微信支付（WeChat ペイ）"で済ませることができます。支払いが終われば，そのまま帰ればよいのです。

　スマホによる注文は，接客の手間が省け，料理を写真で見ることができるので一目瞭然で，決済も自動的にできます。スタッフの人件費が削減できるので，レストランの経営が効率的になります。このように，いろいろなメリットがあるので，スマホでの注文は伝統的なスタイルに取って代わろうとしています。

第19課　高铁票，订了吗？

〔高速鉄道の切符は予約しましたか。〕

---- 本文の表現 ----

黄金周快要到了，你打算去哪里玩儿？ Huángjīnzhōu kuài yào dào le, nǐ dǎsuan qù nǎlǐ wánr?

まもなくゴールデンウイークになりますが，あなたはどこへ遊びに行くつもりですか。

听说那里的园林建筑很有名。 Tīngshuō nàlǐ de yuánlín jiànzhù hěn yǒumíng.

そこの庭園建築はとても有名だと聞いています。

我可以当你的导游。 Wǒ kěyǐ dāng nǐ de dǎo yóu. 私はあなたのガイドをしてもいいですよ。

高铁票，你订了吗？ Gāotiě piào, nǐ dìng le ma? 高速鉄道の切符を予約しましたか。

我刚订好宾馆。 Wǒ gāng dìng hǎo bīnguǎn. ホテルが予約できたばかりです。

会話

（張さんはゴールデンウイークの旅行計画について鈴木さんに尋ねます。）

张 思 维： 铃木，黄金周 快 要 到 了，你 打算 去 哪里 玩儿？
Zhāng Sīwéi： Língmù, huángjīnzhōu kuài yào dào le, nǐ dǎsuan qù nǎlǐ wánr?

铃木 翼： 我 想 去 苏州 看看。听说 那里 的 园林 建筑 很 有名。
Língmù Yì： Wǒ xiǎng qù Sūzhōu kànkan. Tīngshuō nàlǐ de yuánlín jiànzhù hěn yǒumíng.

　　　　　 最 有名 的 叫……？
　　　　　 Zuì yǒumíng de jiào...?

张 思 维： 拙政园？
Zhāng Sīwéi： Zhuōzhèngyuán?

铃木 翼： 对！还有 狮子林、寒山寺……苏州 有 很多 名胜 古迹，
Língmù Yì： Duì! Háiyǒu Shīzilín, Hánshānsì... Sūzhōu yǒu hěnduō míngshèng gǔjì,

　　　　　 我 都 想 去 看看。
　　　　　 Wǒ dōu xiǎng qù kànkan.

张 思 维： 我 和 你 一起 去 吧。我 可以 当 你 的 导游。
Zhāng Sīwéi： Wǒ hé nǐ yìqǐ qù ba. Wǒ kěyǐ dāng nǐ de dǎoyóu.

铃木 翼： 好 啊！苏州 离 上海 远 吗？
Língmù Yì： Hǎo a! Sūzhōu lí Shànghǎi yuǎn ma?

张 思 维： 很 近。坐 高铁 只 需要 二十五 分钟。
Zhāng Sīwéi： Hěn jìn. Zuò gāotiě zhǐ xūyào èrshiwǔ fēnzhōng.

　　　　　 对 了！高铁票，你 订 了 吗？
　　　　　 Duì le! Gāotiěpiào, nǐ dìng le ma?

铃木 翼： 还 没 订。我 刚 订好 宾馆。
Língmù Yì： Hái méi dìng. Wǒ gāng dìnghǎo bīnguǎn.

张 思 维： 那 我们 快 上网 订 票 吧。
Zhāng Sīwéi： Nà wǒmen kuài shàngwǎng dìng piào ba.

読解

　"上 有 天堂，下 有 苏杭"。铃木 在 日本 学 汉语 的 时候，他 的 汉语
　"Shàng yǒu tiāntáng, xià yǒu Sūháng". Língmù zài Rìběn xué Hànyǔ de shíhou, tā de Hànyǔ

93

老师 教了 他 这 句 有名 的 谚语。苏州 有 很 多 名胜 古迹，例如：狮子林、
lǎoshī jiāole tā zhè jù yǒumíng de yànyǔ. Sūzhōu yǒu hěn duō míngshèng gǔjì, lìrú: Shīzilín、

寒山寺、 拙政园……铃木 非常 想 去 苏州 看 那里 的 园林 建筑。所以，
Hánshānsì、Zhuōzhèngyuán... Língmù fēicháng xiǎng qù Sūzhōu kàn nàlǐ de yuánlín jiànzhù. Suǒyǐ,

这个 黄金周，铃木 打算 和 小张 一起 去 苏州 看看。小张 当 铃木 的
zhège huángjīnzhōu, Língmù dǎsuan hé Xiǎozhāng yìqǐ qù Sūzhōu kànkan. Xiǎozhāng dāng Língmù de

导游。苏州 离 上海 很 近，坐 高铁 只 要 二十五 分钟。铃木 刚 在 网上
dǎoyóu. Sūzhōu lí Shànghǎi hěn jìn, zuò gāotiě zhǐ yào èrshiwǔ fēnzhōng. Língmù gang zài wǎngshang

订好了 宾馆，还 没 订 去 苏州 的 高铁票。于是，"导游" 小张 和 铃木
dìnghǎole bīnguǎn, hái méi dìng qù Sūzhōu de gāotiěpiào. Yúshì, "dǎoyóu" Xiǎozhāng hé Língmù

一起 上网 订 高铁票。黄金周，你们 打算 去 哪里 看看？
yìqǐ shàngwǎng dìng gāotiěpiào. Huángjīnzhōu, nǐmen dǎsuan qù nǎlǐ kànkan?

🎧 新出語句 🏃

19-02

1. 高铁票 gāotiě piào 名高速鉄道の切符
2. 黄金周 huángjīnzhōu 名ゴールデンウイーク
3. 玩 wán 動遊ぶ
4. 苏州 Sūzhōu 名〈地名〉蘇州
5. 听说 tīngshuō 動〜と聞いている；〜だそうだ
6. 园林建筑 yuánlín jiànzhù 名庭園建築
7. 最 zuì 副最も
8. 有名 yǒumíng 形有名である
9. 拙政园 Zhuōzhèngyuán 名拙政園（中国四大名園の一つ）
10. 还有 háiyǒu 接それから；そして
11. 狮子林 Shīzilín 名獅子林（世界遺産の庭園）
12. 寒山寺 Hánshānsì 名寒山寺（唐詩に詠われた名刹）
13. 名胜古迹 míngshèng gǔjì 名名所旧跡
14. 当 dāng 動〜になる；担当する
15. 导游 dǎoyóu 名ガイド；案内人
16. 刚 gāng 副〜したばかりである
17. 宾馆 bīnguǎn 名ホテル
18. 快 kuài 副早く；急いで
19. 要〜了。 yào~le. もうまもなく〜する。
20. 天堂 tiāntáng 名天国
21. 苏杭 Sūháng 名〈地名〉蘇州と杭州
22. 句 jù 量文を数える量詞
23. 谚语 yànyǔ 名ことわざ
24. 例如 lìrú 接たとえば
25. 完 wán 動〜し終わる（結果補語）
26. 信 xìn 名手紙
27. 起飞 qǐfēi 動離陸する
28. 放假 fàngjià 動休みになる

文法ポイント 📌

1 動作の完了・実現を表す助詞"了"②

　肯定文の場合，「主語＋動詞＋"了"（＋数詞＋量詞）＋目的語」で表しますが，反復疑問文では，「主語＋動詞＋"没"＋動詞（＋数詞＋量詞）＋目的語」または「主語＋動詞＋目的語＋"了没有"」で表します。

　　〈肯定文〉铃木订了一张高铁票。Língmù dìngle yì zhāng gāotiě piào.
　　　　　　（鈴木さんは高速鉄道の切符を1枚予約しました。）

我喝了两杯椰奶。Wǒ hēle liǎng bēi yēnǎi.（私はココナツミルクを2杯飲みました。）

〈否定文〉铃木没（有）订高铁票。Língmù méi(yǒu) dìng gāotiě piào.
（鈴木さんは高速鉄道の切符を予約しませんでした。）

我没（有）去学校。Wǒ méi(yǒu) qù xuéxiào.（私は学校に行きませんでした。）

〈"吗"疑問文〉铃木订票了吗？Língmù dìng piào le ma?（鈴木さんは切符を予約しましたか。）

你喝椰奶了吗？Nǐ hē yēnǎi le ma?（あなたはココナツミルクを飲みましたか。）

〈反復疑問文〉铃木订没订票？/铃木订票了没有？（鈴木さんは切符を予約しましたか。）
Língmù dìng méi dìng piào?/Língmù dìng piào le méiyǒu?

你喝没喝椰奶？/你喝椰奶了没有？
Nǐ hē méi hē yēnǎi?/Nǐ hē yēnǎi le méiyǒu?
（あなたはココナツミルクを飲みましたか。）

☛否定文では，否定副詞の"没（有）"を使います。動詞の後ろに"了"は付けません。
☛単純目的語および"吗"疑問文の場合，"铃木订高铁票了"のように目的語の後ろに置きます。また，中国語には時制はなく，助詞の"了"は完了を表しますが，過去形ではなく，過去，現在，未来のいずれでも使えます。"铃木订好了票，就去苏州（切符を予約し終えたら，蘇州に行きます）"など。

② 結果補語

　動詞を中心とする文の意味が不完全な場合，意味を補うために使われるものを補語といいます。つまり，動詞をより詳しく説明するためのものです。中国語では，さまざまな補語があります。そのうち，「動詞＋動詞/形容詞」の形をとって，動作・行為を行った結果を表す「結果補語」があります。よく使われるのは"動詞＋好^{hǎo}"、"動詞＋完^{wán}"、"動詞＋饱^{bǎo}"、"動詞＋到^{dào}"、"動詞＋懂^{dǒng}"、"動詞＋在^{zài}"などです。

铃木订好了宾馆。Língmù dìnghǎole bīnguǎn.（"订好"：ホテルを予約し終えた。）

我写完了信。Wǒ xiěwánle xìn.（"写完"：書き終えた。）

我吃饱了。Wǒ chībǎo le.（"吃饱"：（ごはんなどを）食べて，お腹がいっぱいになった。）

我刚在学校见到了李老师。Wǒ gāng zài xuéxiào jiàndào le Lǐ lǎoshī.

（"见到"：学校で（先生に会おうとして）会うことができた。）

我听懂了铃木的汉语。Wǒ tīngdǒng le Língmù de Hànyǔ.

（"听懂"：鈴木さんの中国語を聞いた結果，内容を理解した。）

我住在上海。Wǒ zhùzài Shànghǎi.（"住在"：（引っ越して）上海に住んでいる。）

③ "（快/就）要～了。"　　近未来を表す構文

　"要～了。"という構文で「まもなく～する」または「もうすぐ～だ」という意味を表します。副詞の"快"や"就"などと一緒に現れ，"（快/就）要～了。"で表現することもできます。その場合，時間や期限などがさしせまっていること

が強調されます。

　　马上要下雨了。Mǎshàng yào xià yǔ le.（まもなく雨が降ります。）

　　黄金周快要到了。Huángjīnzhōu kuài yào dào le.

　　（ゴールデンウイークがもうまもなくやってきます。）

　　快要放假了。Kuài yào fàngjià le.（もうすぐ休みです。）

　　还有五分钟就要迟到了！Háiyǒu wǔ fēnzhōng jiù yào chídào le.（あと５分遅刻だ！）

　　飞机马上就要起飞了。Fēijī mǎshàng jiù yào qǐfēi le.（飛行機はもうまもなく離陸します。）

実践練習

19-03

1．単語を聞き取ってその簡体字，ピンインと日本語の意味を書いてください。

　　①　　　　　　　　　　　　⑤

　　②　　　　　　　　　　　　⑥

　　③　　　　　　　　　　　　⑦

　　④　　　　　　　　　　　　⑧

2．次の日本語を中国語に訳しましょう。

　　① あなたは高速鉄道の切符を何枚予約しましたか。

　　　_____

　　② 鈴木さんはネットでＴシャツを２枚買いました。

　　　_____

　　③ 私は郵便局で李先生に会いました。

　　　_____

　　④ もうすぐ試験です。

　　　_____

　　⑤ 鈴木さんは中国の名所旧跡を見に行きたがっています。

　　　_____

19-04

3．中国語の質問を聞いて，中国語で答えてください。

　　①　_____

　　②　_____

　　③　_____

4．ゴールデンウイークの旅行計画についてロールプレイをしましょう。

豆知識

祝日

　中国では，西暦と旧暦の両方を使っています。中国語では，西暦は“阳历^{yánglì}”，
旧暦は“阴历^{yīnlì}”または“农历^{nónglì}”と呼ばれます。中国は多民族国家なので，特定の国
民の祝日および記念日だけではなく，民族ごとに独自の祭りもたくさんありま
す。中国の法律で定められた祝日は，全部で7つあり，これらは「法定祝日」と
呼ばれます。このうち3つは毎年決まった西暦の日付で，他の4つは旧暦で決め
られているので，毎年異なる日付になります。

　元旦^{Yuándàn}「元旦」（西暦の1月1日）3連休

　劳动节^{Láo dòng jié}「労働節」（西暦の5月1日）3連休

　国庆节^{Guóqìng jié}「国慶節」（西暦の10月1日）大型連休

　春节^{Chūn jié}（旧暦の正月，春節前日の大晦日からおよそ7日間）は中国人にとって
新年の始まりを意味し，最も大切な休日です。

　清明节^{Qīngmíngjié}「清明の日」（毎年4月5日前後）は二十四節気の1つ。二十四節気は
1年を太陽の動きに合わせて24等分して，それぞれ季節の名称を与えたもので，
日本でも季節の節目を示す言葉として使われています。この「清明の日」は，春
分の日から15日後にあたり，先祖の墓参りをする日です。

　端午节^{Duān wǔ jié}「端午節」（旧暦の5月5日）は中国の戦国時代の愛国詩人屈原^{Qū Yuán}を偲
ぶ祝日です。その日には，無病息災を祈念し，ドラゴンボートを使った伝統的な
龍舟競漕の祭りなどの行事を行い，もち米を笹か葦の葉で三角形に包み，イグサ
や糸などで縛った“粽子^{zòngzi}（ちまき）”を作って，食べる習慣もあります。

　中秋节^{Zhōng qiū jié}「中秋節」（旧暦8月15日）は十五夜の月を観賞し，月饼^{yuè bǐng}（月餅）を
食べる慣習があります。日本でも，十五夜の月を観賞する習慣がありますが，そ
れは中国に由来するものです。

第20課　你哪里不舒服？
〔どこか具合が悪いのですか。〕

―― 本文の表現 ――

今天比昨天好一点儿了。Jīntiān bǐ zuótiān hǎo yìdiǎnr le.

今日は昨日より（体調が）ちょっとよくなりました。

可是喉咙还是有点儿疼，说不了话。Kěshì hóulong háishì yǒudiǎnr téng, shuōbùliǎo huà.

しかし，のどがまだちょっと痛くて，（ことばが）話せないです。

我头疼、喉咙也疼，从昨天晚上开始觉得全身没力气。

Wǒ tóuténg、hóulong yě téng, cóng zuótiān wǎnshàng kāishǐ juéde quánshēn méi lìqi.

私は頭ものども痛くて，昨晩から全身の力がなくなったような感じがします。

可能是感冒引起的症状。Kěnéng shì gǎnmào yǐnqǐ de zhèngzhuàng.風邪が原因で出た症状かもしれません。

 会話

20-01

（鈴木さんは張さんと蘇州から帰ってきてから，体調が悪いそうです。）

张思维：铃木，今天好一点儿了吗？
Zhāng Sīwéi: Língmù, jīntiān hǎo yìdiǎnr le ma?

铃木翼：我昨天喝了很多水，躺了一天。
Língmù Yì: Wǒ zuótiān hēle hěn duō shuǐ, tǎngle yì tiān.
　　　　可是喉咙还是有点儿疼，说不了话。
　　　　Kěshì hóulong háishì yǒudiǎnr téng, shuōbùliǎo huà.

张思维：那快去医院看看吧。
Zhāng Sīwéi: Nà kuài qù yīyuàn kànkan ba.

（2人は病院へ行きました。）

医生：　你哪里不舒服？
Yīshēng: Nǐ nǎli bù shūfu?

铃木翼：我头疼、喉咙也疼，从昨天晚上开始觉得全身没力气。
Língmù Yì: Wǒ tóuténg、hóulong yě téng, cóng zuótiān wǎnshàng kāishǐ juéde quánshēn méi lìqi.

医生：　哦，可能是感冒引起的症状。
Yīshēng: Ò, kěnéng shì gǎnmào yǐnqǐ dc zhèngzhuàng.

张思维：医生，他严重吗？
Zhāng Sīwéi: Yīshēng, tā yánzhòng ma?

医生：　还不知道，需要做进一步的检查。先去下面验血吧。
Yīshēng: Hái bù zhīdao, xūyào zuò jìnyíbù de jiǎnchá. Xiān qù xiàmian yànxiě ba.

読解

铃木和小张从苏州回到了上海。可是，今天，铃木没去学校上课。
Língmù hé Xiǎozhāng cóng Sūzhōu huídàole Shànghǎi. Kěshì, jīntiān Língmù méi qù xuéxiào shàngkè.

他 在 家 躺 了 一 天。小张 很 担心 他，带 他 去 医院 看病。铃木 跟 医生
Tā zài jiā tǎngle yì tiān. Xiǎozhāng hěn dānxīn tā, dài tā qù yīyuàn kànbìng. Língmù gēn yīshēng
说，他 是 从 昨天 早上 开始 不 舒服 的。所以，他 昨天 喝了 很 多 水，在
shuō, tā shì cóng zuótiān zǎoshang kāishǐ bù shūfu de. Suǒyǐ, tā zuótiān hēle hěn duō shuǐ, zài
家 休息 了 一 天。虽然 今天 比 昨天 好 一点儿 了，但是 他 还是 觉得 全身
jiā xiūxile yì tiān. Suīrán jīntiān bǐ zuótiān hǎo yìdiǎnr le, dànshì tā háishì juéde quánshēn
没 力气。医生 说 可能 是 感冒 引起 的 症状，需要 做 进一步 的 检查。
méi lìqi. Yīshēng shuō kěnéng shì gǎnmào yǐnqǐ de zhèngzhuàng, xūyào zuò jìnyíbù de jiǎnchá.
希望 铃木 能 早日 康复。
Xīwàng Língmù néng zǎorì kāngfù.

 新出語句

20-02

1. 水 shuǐ 名水
2. 躺 tǎng 動横になる
3. 一天 yì tiān 名一日
4. 头疼 tóuténg 名頭痛
5. 喉咙 hóulong 名のど
6. 疼 téng 形痛い
7. 舒服 shūfu 形快適である
8. 开始 kāishǐ 動始める
9. 全身 quánshēn 名全身
10. 力气 lìqi 名力
11. 了 liǎo 動終わる；終える（可能補語：～しきれる；～できる）
12. 话 huà 名言葉；話

13. 得 de 助可能補語を導く
14. 可能 kěnéng 助たぶん
15. 引起 yǐnqǐ 動引き起こす
16. 症状 zhèngzhuàng 名症状
17. 进一步 jìnyíbù 副さらに；いっそう
18. 检查 jiǎnchá 名検査
19. 验血 yàn xiě 動血液検査をする
20. 担心 dānxīn 動心配する
21. 希望 xīwàng 動願う
22. 早日 zǎorì 副一日も早く；早く
23. 康复 kāngfù 動快復する
24. 虽然～但是… suīrán～dànshì… ～ではあるけれども…

文法ポイント

1 変化・新たな状況の発生を表す語気助詞 "了" ②

　文末に置かれる "了" は、「ある新たな状況になった」という変化の意味を表します。助詞 "了" は「動作の実現」を表しますが、新しい状況の発生という解釈もできます。そのため、語気助詞 "了" と非常に似ていることもあります。両者には、用法上で以下のような使い方の違いがあります。

　①"是，想，觉得，希望" などの動詞は、変化の意味が含まれず、動作の実現・完了を表現できないので、助詞 "了" が使えません。

　　我是大学生了。Wǒ shì dàxuéshēng le.（私は大学生になりました。）

　②習慣的な動作を表す場合、助詞 "了" が使えません。

　　我现在每天吃早饭了。Wǒ xiànzài měitiān chī zǎofàn le.
　　（私は現在毎日朝ごはんを食べるようになりました。）

　③目的語に「主語＋述語の文」の場合、助詞 "了" が使えません。

　　我听说你回国了。Wǒ tīngshuō nǐ huí guó le.（あなたは帰国したと聞きました。）

④談話において，初めて何かを尋ねたり知らせたりする際には，**語気助詞"了"**を使います。事態の経緯を具体的に述べる際には，**助詞"了"**を用いて話を進めます。

　　　你买什么了？ Nǐ mǎi shén me le?（あなたは何を買いましたか。）

　　　我买书了。 Wǒ mǎi shū le.（私は本を買いました。）

　　　你买了几本书？ Nǐ mǎile jǐ běn shū?（あなたは本を何冊買いましたか。）

　　　我买了两本书。 Wǒ mǎile liǎng běn shū.（私は本を2冊買いました。）

②可能補語

　「動詞＋"得"＋結果/方向補語」☞第23課：方向補語の形で，動作行為が実現できることを表すことができます。否定した場合は「動詞＋"不"＋結果/方向補語」で表します。

　　　我听得懂汉语。 Wǒ tīngdedǒng Hànyǔ.（私は中国語が聞き取れます。）

　　　弟弟吃得完这块蛋糕。 Dìdi chīdewán zhè kuài dàngāo.

　　　（弟はこのケーキを食べきれます。注：完全に食べ終えられることを意味します。）

　　　　　　　　　　　　　　☞块：ケーキなどのような塊状のものの数を数える量詞

　　　我看不完这本书。 Wǒ kànbùwán zhè běn shū.（私はこの本を読み終えられません。）

　　　她弹不好钢琴。 Tā tánbùhǎo gāngqín.（彼女はピアノがうまく弾けません。）

　　　这件衣服，我穿得了。 Zhè jiàn yīfu, wǒ chuāndeliǎo.（私はこの服が着られます。）

　　　这件衣服，我穿不了。 Zhè jiàn yīfu, wǒ chuānbùliǎo.（私にはこの洋服が着られません。）

③複文　　"虽然～，但是…"

「～ではあるけれども…」という意味を表します。

　　　虽然今天比昨天好一点儿了，但是他还是觉得全身没力气。

　　　Suīrán jīntiān bǐ zuótiān hǎo yìdiǎnr le, dànshì tā háishì juéde quánshēn.

　　　（彼は，今日は昨日より（体調が）ちょっとよくなりましたが，まだ全身の力がなくなったような感じがするそうです。）

　　　虽然铃木是日本人，但是他的汉语非常好。

　　　Suīrán Língmù shì Rìběnrén, dànshì tā de Hànyǔ fēicháng hǎo.

　　　（鈴木さんは日本人ですが，彼の中国語はとても上手です。）

実践練習　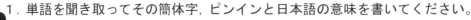

🎧 1. 単語を聞き取ってその簡体字，ピンインと日本語の意味を書いてください。

20-03

　　　①　　　　　　　　　　　　　　　③

　　　②　　　　　　　　　　　　　　　④

⑤　　　　　　　　　　　　　⑦

⑥　　　　　　　　　　　　　⑧

２．語を正しく並べ替えて発音してみましょう。

① 躺着　弟弟　看　每天　书

_____

② 今天　了　昨天　好　比　一点儿

_____

③ 但是　他　休息　发烧　铃木　了　虽然　不想

_____

④ 明天　不了　小张　去　学校　了

_____

⑤ 我　了　喝　吃得　不下　这　碗　汤　了　太饱

_____

🎧
20-04
３．中国語の質問を聞いて，中国語で答えてください。

①　_____

②　_____

③　_____

４．病院での診察をテーマにして，ロールプレイをしましょう。以下の語を適宜使ってください。

打针 dǎzhēn〔注射する〕　　　恶心 ěxin〔吐き気がする〕　　　发烧 fāshāo〔発熱する〕

护士 hùshi〔看護師〕　　　咳嗽 késou〔咳をする〕　　　内科 nèikē〔内科〕

医療事情

　中国では《医院分級管理标准》(『病院分類管理基準』) を基に，病院の規模，機能，設備，研究および技術指導などの基準で，病院を３つの級に分類しています。一級と二級の病院は，さらにそれぞれ甲，乙，丙という３段階に分けられており，三級病院の中では，特，甲，乙，丙という４段階に分けられています。級が上がるほどレベルの高い病院を示します。レベルの高い順に三級特等，三級甲等，三級乙等，三級丙等，二級甲等，二級乙等，二級丙等，一級甲等，一級乙等，一級丙等となっています。レベルの高い三級病院などの大病院は，CT，MRI 等の先進的な医療設備を持ち，医学研究にも従事し，また頻繁に海外と交流を行うなどスタッフの教育も活発に行われています。しかし，14 億の人口を有する中国にとっては，経済の成長に対して専門病院，医者，医療資源が少なすぎるようです。そのため，地方に住んでいる患者の多くは良い治療を受けるために，大都市の三級病院へ行かなくてはなりません。中国の病院での診察の流れは日本と大きく異なります。中国では一般的に，受付窓口で診てもらいたい部門の医師を指名して，受付料 (挂号費) を先に支払った後で，カルテや整理券が発行されます。また，診察が終わってから，診療代と薬代を受付窓口で支払って，薬を取りに行きます。もちろん，医師の肩書により診察料が違ってきます。現在，受付および診療前の待ち時間を短縮するため，多くの病院が，ネットで受付して，予約できるように準備しています。また，支払いもキャッシュレスで済ませることができます。特に 2020 年の新型コロナウイルスの影響で，ネットによる受診システムの整備が進められて，オンライン診療が急速に広がりました。

第21課 你吃过几次小笼包？

〔あなたは小籠包を何回食べたことがありますか。〕

本文の表現

我今天没吃早饭，饿死了。Wǒ jīntiān méi chī zǎofàn, è sǐle.
私は今日朝ごはんを食べていないので，お腹が空いてたまらないです。

你吃过几次小笼包？Nǐ chīguo jǐ cì xiǎolóngbāo?あなたは小籠包を何回食べたことがありますか？

最近珍珠奶茶在日本流行极了！Zuìjìn zhēnzhū nǎichá zài Rìběn liúxíng jíle.
最近タピオカミルクティーは日本ですごく流行っています。

 会話

（寮で張さんは鈴木さんに中国語を教えています。お昼の時間を過ぎたので，鈴木さんはお腹が空きました。）

铃木 翼：我 今天 没 吃 早饭，饿 死 了。啊，已经 下午 两 点 半 了！
Língmù Yì: Wǒ jīntiān méi chī zǎofàn, è sǐle. À, yǐjīng xiàwǔ liǎng diǎn bàn le!

　　　　　食堂 关门 了 吧？
　　　　　Shítáng guānmén le ba?

张 思维：没 关系，我们 可以 叫 外卖。你 中午 想 吃 什么？
Zhāng Sīwéi: Méi guānxi, wǒmen kěyǐ jiào wàimài. Nǐ zhōngwǔ xiǎng chī shénme?

铃木 翼：我 想 吃 小笼包。
Língmù Yì: Wǒ xiǎng chī xiǎolóngbāo.

张 思维：又 是 小笼包？你 吃过 几 次 小笼包？
Zhāng Sīwéi: Yòu shì xiǎolóngbāo? Nǐ chīguo jǐ cì xiǎolóngbāo?

铃木 翼：我 在 中国 吃过 五 次 小笼包。上海 的 小笼包 好吃 得 不得了。
Língmù Yì: Wǒ zài Zhōngguó chīguo wǔ cì xiǎolóngbāo.Shànghǎi de xiǎolóngbāo hǎochī de bùdéliǎo.

　　　　　白吃 不 厌。
　　　　　Báichī bú yàn.

张 思维：是 "百" 吃 不 厌。
Zhāng Sīwéi: Shì "bǎi" chī bú yàn.

铃木 翼：对！百 吃 不 厌！
Língmù Yì: Duì! Bǎi chī bú yàn.

张 思维：好。那 喝的 呢？
Zhāng Sīwéi: Hǎo. Nà hēde ne?

铃木 翼：要是 有 珍珠 奶茶，就 好 了。最近 珍珠 奶茶 在 日本 流行 极了！
Língmù Yì: Yàoshì yǒu zhēnzhū nǎichá, jiù hǎo le. Zuìjìn zhēnzhū nǎichá zài Rìběn liúxíng jíle!.

张 思维：有，都 点好 了。二十 分钟 后 送到。
Zhāng Sīwéi: Yǒu, dōu diǎnhǎo le. Èrshí fēnzhōng hòu sòngdào.

铃木 翼：太 好 了！外卖 比 食堂 方便 多了！
Língmù Yì: Tài hǎo le! Wàimài bǐ shítáng fāngbiàn duōle!

読解

　小张　在　宿舍　教　铃木　汉语。铃木　没　吃　早饭，肚子　饿　得　不得了。可是，
Xiǎozhāng zài　sùshè　jiāo Língmù Hànyǔ. Língmù méi　chī　zǎofàn, dùzi　è　de bùdéliǎo. Kěshì,
因为　过了　午饭　的　时间，食堂　已经　关　门　了。小张　建议　用　手机　叫　外卖。
yīnwèi guòle　wǔfàn　de　shíjiān,　shítáng yǐjīng guān mén le. Xiǎozhāng jiànyì yòng shǒujī jiào wàimài.
铃木　想　吃　小笼包。这　已经　是　铃木　第六　次　点　小笼包　了。铃木　很　喜欢
Língmù xiǎng chī xiǎolóngbāo. Zhè yǐjīng shì Língmù dìliù　cì　diǎn xiǎolóngbāo le. Língmù hěn　xǐhuan
吃　上海　的　小笼包，真的　是　百　吃　不厌。他　还　点了　一　杯　珍珠　奶茶。他
chī Shànghǎi de xiǎolóngbāo,　zhēnde shì bǎi chī bú　yàn. Tā hái diǎnle yì bēi zhēnzhū nǎichá.　Tā
在　日本　喝过　珍珠　奶茶。虽然　日本　的　味道　和　中国　的　有点儿　不　太　一样，
zài　Rìběn　hēguo zhēnzhū nǎichá. Suīrán Rìběn de　wèidào hé Zhōngguó de　yǒudiǎnr bú tài yíyàng,
但是　铃木　觉得　都　好喝　极了。
dànshì Língmù juéde dōu hǎohē　jíle.

 新出語句

21-02

1. 死了　sǐle　(形容詞や動詞の後に用い) 程度が甚だしいことを表す
2. 啊　à 感嘆 (あることに気付いた時) ああ
3. 关门　guān mén 動門を閉める；閉店する
4. 外卖　wàimài 名フードデリバリー
5. 好吃　hǎochī 形 (食べ物が) おいしい
6. 得　de 助 (形容詞や動詞の後に置き) 程度補語が続く
7. 不得了　bùdéliǎo (助詞の"得"の後に置き)"得不得了"で「たまらない」という意味になる
8. 极了　jíle (形容詞や動詞の後に付けて) きわめて
9. 百吃不厌　bǎichī bú yàn いくら食べても飽きない

10. 要是～就…　yàoshi～jiù... もしも～ならば、…
11. 好喝　hǎohē 形 (飲み物が) おいしい
12. 后　hòu 方位 (名詞・数量詞の後に用いる) ～後
13. 多了　duōle (形容詞や動詞の後に置き，差が大きいことを表す) ずっと～だ
14. 宿舍　sùshè 名宿舎
15. 过　guò 動過ぎる；過ごす
16. 建议　jiànyì 動提案する
17. 叫　jiào 動 (料理を) 注文する；届けさせる
18. 一共　yígòng 副全部で
19. 毕业　bìyè 動卒業する

文法ポイント

[1] 程度補語

　形容詞や動詞の後に付けて，状態や性質の程度，または動作や行為の程度が甚だしいことを補足して説明します。2つの基本語順があります。
　　基本語順①：「形容詞/動詞＋"得"＋"很/要命/不得了"」
　1つは助詞の"得"に，程度補語である"很"，"要命"，"不得了"などを続けます。

104

上海的小笼包好吃得不得了。Shànghǎi de xiǎolóngbāo hǎochī de bùdéliǎo.

（上海の小籠包はおいしくてたまりません。）

最近忙得很/要命/不得了。Zuìjìn máng de hěn/yàomìng/bùdéliǎo.

（最近は忙しくてたまりません。）

基本語順②：「形容詞/動詞＋"死了/极了/多了"」

もう1つは，助詞である"得"を使わず，形容詞や動詞の後に程度補語の"死
了"，"极了"，"多了"などを付けます。

我饿死了。Wǒ è sǐle. （私はお腹が空いてたまりません。）

上海的小笼包好吃极了。Shànghǎi de xiǎolóngbāo hǎochī jíle.

（上海の小籠包はおいしくてたまりません。）

最近珍珠奶茶在日本流行极了！Zuìjìn zhēnzhū nǎichá zài Rìběn liúxíng jíle.

（最近，タピオカミルクティーは日本ですごく流行っています。）

外卖比食堂方便多了！Wàimài bǐ shítáng fāngbiàn duōle. （出前は食堂よりもはるかに便利です。）

② 副詞②："オ"と"就"

"才"：

①「ようやく；やっと」

動詞の前に置いて，動作進行の遅さを表します。過去の事柄に使いますが，
"了"は付けてはいけません。

②「わずか；ただ～にすぎない」

数詞の前に置いて，量の少なさ，または時間の短さを表します。

我昨天十二点才睡觉。Wǒ zuótiān shíèr diǎn cái shuìjiào. （私は昨日12時にようやく寝ました。）

不贵，一共才二十块。Bú guì, yígòng cái èrshí kuài. （値段は高くない，全部でたった20元です。）

"就"：

①「とっくに～した；早くも～した」

動詞の前に置いて，動作進行の早さを表します。過去の事柄は"了"を付け
て"就～了"で表します。

②「すぐに」

動詞の前に置いて，未来の事柄に使われます。

我今天五点就起床了。Wǒ jīntiān wǔ diǎn jiù qǐchuáng le. （私は今日5時に起きました。）

我们马上就去。Wǒmen mǎshàng jiù qù. （私たちはすぐ行きます。）

③ 複文　"要是～，就…"

"要是"は仮定を表し，よく"就"と呼応して使用されて，「もしも～ならば，…」
という意味で，口語的な表現です。

要是有珍珠奶茶，就好了。Yàoshì yǒu zhēnzhū nǎichá, jiù hǎo le.

（もしもタピオカミルクがあったらいいですね。）

要是能早点儿毕业，就好了。Yàoshì néng zǎo diǎnr bìyè, jiù hǎo le.
（もしも早めに卒業できたら，いいですね。）

実践練習

1. 単語を聞き取ってその簡体字，ピンインと日本語の意味を書いてください。

① ⑤

② ⑥

③ ⑦

④ ⑧

2. 語を正しく並べ替えて発音してみましょう。
① 吃过　你　几　次　小笼包

_____

② 好吃　上海　的　小笼包　极了

_____

③ 没　珍珠奶茶　我　喝过

_____

④ 我　吃　中国菜　想。

_____

⑤ 比　多了　外卖　食堂　方便

_____

3. 中国語の質問を聞いて，中国語で答えてください。

①_____

②_____

③_____

4. 以下の語から適切なものを選んで（　）に入れ，文を完成させてください。

才　又　再　还　就

① 铃木的妈妈（　　）来上海了。

② 你（　　　）要别的吗？

③ 我在家等了三天，快递（　　　）到。

④ 我马上（　　　）到。

⑤ 你能（　　　）说一遍吗？

5．日本で中華料理を食べた経験について，3～4人のグループで意見交換をしてください。

豆知識

デリバリー事情

　中国では，2010 年以降，勤務時間が長くなったのに伴い，国民の平均年収も上がり，生活のペースも速くなりました。こうした背景から，フードデリバリーアプリで食事を注文したり，ちょっとした飲み物やおかずを注文したりすることが，若い世代の間で日常茶飯事になりました。日本でも，最近 UberEats や LINE デリマなど新しいフードデリバリーアプリが続々と誕生して，利用者も増えています。中国では，スマホ端末ユーザーのうち，フードデリバリーのアプリの利用者数は3億4,300万人にのぼるといわれています。特に，上海は中国全土で利用者が最も多い都市です。この数字からも窺えるように，中国は「フードデリバリー大国」といえるでしょう。最も人気があり，よく利用されているフードデリバリーアプリは，"美团外卖 Měituán wài mài" と "饿了么 Èleme" です。今中国に行くと，注文された食べ物や飲み物を載せた電動自転車を運転する配達員が，街中を行き交う光景を見ることができます。

第22課　你手上拿着什么?

〔あなたは手に何を持っていますか。〕

本文の表現

李老师给我推荐了一本书，让我好好儿学习。Lǐ lǎoshī gěi wǒ tuījiàn le yì běn shū, ràng wǒ
hǎohāor xuéxí.李先生は私に本を1冊薦めてくださって，しっかりと勉強させました。

你不是去书店了吗? Nǐ bú shì qù shūdiàn le ma?あなたは本屋に行ったのではないですか。

能不能请你帮帮我? Néng bu néng qǐng nǐ bāngbang wǒ?（あなたは私に）助けてくださいますか。

不用出门，在家等着收快递就行。Búyòng chū mén, zài jiā děngzhe shōu kuàidì jiù xíng.
出かける必要がなく，家で宅配便を受け取ることを待つだけでよいのです。

昨天我坐了一个小时的地铁去买书，累死了。Zuótiān wǒ zuò le yí ge xiǎoshí de dìtiě qù mǎi shū，lèi sǐle.
昨日私は1時間地下鉄に乗って本を買いに行きました。疲れてたまりません。

 会話

（鈴木さんは李亦婷先生に会いました。李先生は鈴木さんに中国語の勉強のための参
考書を紹介しました。）

张 思维：铃木，你 手上 拿着 什么?
Zhāng Sīwéi：Língmù, nǐ shǒushang názhe shénme?

铃木 翼：地铁 的 路线图。李 老师 给 我 推荐 了 一 本 书。
Língmù Yì：Dìtiě de lùxiàntú. Lǐ lǎoshī gěi wǒ tuījiàn le yì běn shū.
　　　　　所以 我 正 准备 坐 地铁 去 买 这 本 书 呢。
　　　　　Suǒyǐ wǒ zhèng zhǔnbèi zuò dìtiě qù mǎi zhè běn shū ne.

（鈴木さんは本屋で本を買えなかったので，張さんに尋ねます。）

铃木 翼：小张，你 在 干 什么 呢?
Língmù Yì：Xiǎozhāng, nǐ zài gàn shénme ne?

张 思维：我 正在 上网 买书 呢。咦，你 不 是 去 书店 了 吗?
Zhāng Sīwéi：Wǒ zhèngzài shàngwǎng mǎi shū ne. Yí, nǐ bú shì qù shūdiàn le ma?

铃木 翼：我 是 去 书店 了，可是 没 买到 李 老师 推荐 的 书。
Língmù Yì：Wǒ shì qù shūdiàn le. Kěshì méi mǎidào Lǐ lǎoshī tuījiàn de shū.
　　　　　能 不 能 请 你 帮帮 我?
　　　　　Néng bu néng qǐng nǐ bāngbang wǒ?

张 思维：没 问题!
Zhāng Sīwéi：Méi wèntí!

铃木 翼：谢谢 你，小张。你 经常 在 网上 买 书 吗?
Língmù Yì：Xièxie nǐ, Xiǎozhāng. Nǐ jīngcháng zài wǎngshang mǎi shū ma?

张 思维：是 啊!不用 出门，在 家 等着 收 快递 就 行。
Zhāng Sīwéi：Shì a! Búyòng chūmén, zài jiā děngzhe shōu kuàidì jiù xíng.
　　　　　看，你 的 书，买好 了。快递 明天 就 能 送到。
　　　　　Kàn, nǐ de shū, mǎihǎo le. Kuàidì míngtiān jiù néng sòngdào.

铃木 翼：这么 快?刚才 我 坐 了 一 个 小时 地铁 去 买 书。累 死 了。
Língmù Yì：Zhème kuài? Gāngcái wǒ zuòle yí ge xiǎoshí dìtiě qù mǎi shū. Lèi sǐle.
　　　　　下次 我 也 在 网上 买书。
　　　　　Xiàcì wǒ yě zài wǎngshang mǎi shū.

読解

汉语 越 学 越 难 了。所以,李 老师 给 铃木 推荐了 一 本 书。铃木 一
Hànyǔ yuè xué yuè nán le. Suǒyǐ, Lǐ lǎoshī gěi Língmù tuījiànle yì běn shū. Língmù yì
听到 书名, 就 急着 去 书店 买 这 本 书。虽然 他 来 上海 很 长 时间 了,
tīngdào shūmíng, jiù jízhe qù shūdiàn mǎi zhè běn shū. Suīrán tā lái Shànghǎi hěn cháng shíjiān le,
但是 他 对 上海 的 地铁 路线 还 不 太 熟悉。所以, 他 拿着 地铁 的 线路图
dànshi tā duì Shànghǎi de dìtiě lùxiàn hái bú tài shúxi. Suǒyǐ, tā názhe dìtiě de xiànlùtú
去 坐 地铁。他 坐了 一 个 小时 的 地铁 去 书店。可是, 铃木 在 书店 没
qù zuò dìtiě. Tā zuòle yí ge xiǎoshí de dìtiě qù shūdiàn. Kěshì, Língmù zài shūdiàn méi
买到 李 老师 推荐 的 书。他 回到 宿舍, 找 小张 帮忙。小张 正 在 上
mǎidào Lǐ lǎoshī tuījiàn de shū. Tā huídào sùshè, zhǎo Xiǎozhāng bāngmáng. Xiǎozhāng zhèng zài shàng
网 买书。她 很 快 帮 铃木 在 网上 买好了 这 本 书,而且 快递 明天
wǎng mǎi shū. Tā hěn kuài bāng Língmù zài wǎngshang mǎihǎole zhè běn shū, érqiě kuàidì míngtiān
就 能 送到。要是 铃木 昨天 在 网上 买书 就 好 了。不用 出门 挤 地铁,
jiù néng sòngdào. Yàoshi Língmù zuótiān zài wǎngshang mǎi shū jiù hǎo le. Búyòng chūmén jǐ dìtiě,
在 家 等着 收 快递 就 行。大家 觉得 是 不 是 很 方便?
zài jiā děngzhe shōu kuàidì jiù xíng. Dàjiā juéde shì bu shì hěn fāngbiàn?

新出語句
22-02

1. 路线图 lùxiàn tú 名路線図
2. 让 ràng 動~させる（使役を表す）
3. 准备 zhǔnbèi 動準備する
4. 请 qǐng 動お願いする；頼む
5. 收 shōu 動収める；受け取る
6. 不用 búyòng 副~する必要がない
7. 就 jiù 副満足度が一定の程度に達することを表す
8. 累 lèi 形疲れている
9. 下次 xiàcì 名次回
10. 关 guān 動（電源を）消す
11. 越~越… yuè~yuè... ~すればするほど…；ますます~だ
12. 一~就… yī~jiù... ~すると（すぐに）…
13. 书名 shūmíng 名書名
14. 急 jí 動焦る
15. 对 duì 介~に対して
16. 熟悉 shúxi 動よく知っている
17. 回到 huídào 動帰る
18. 帮忙 bang máng 動助ける
19. 挤 jǐ 動押しのける；詰め込む
20. 有意思 yǒu yìsi 形面白い

文法ポイント

1 謙語文

中国語では、「S₁＋V₁＋O₁/S₂＋V₂（＋O₂）」のように、述語部分は 2 つの動詞フレーズからなり、前の動詞の V₁ の目的語の O₁ は後の動詞の V₂ の主語になる文は**謙語文**と呼ばれます。謙語文には使役の意味を持つ**"请"**や**"帮"**などの動詞が V₁ としてよく使われます。「**主語＋"请/帮"＋目的語＋動詞フレーズ**」の語順で表します。なお、V₁ が**"叫""让"**である場合、使役文となります。☞第24課：使役表

現：「～させる」

能不能请你帮帮我？ Néng bu néng qǐng nǐ bāngbang wǒ?
((あなたは私に) 助けてくださいますか。)
我帮你在这里拍张照吧。 Wǒ bāng nǐ zài zhèlǐ pāi zhāng zhào ba.
(ここで写真を撮ってあげましょうか。)
我送你回家。 Wǒ sòng nǐ huí jiā.　　　　　　　☞第 24 課：送〔送る〕
(家まで送ります。)

②反語文

　中国語では，言いたいことをその反対の形で表現する文を**反語文**といいます。肯定の形で強い否定を表したり，否定の形で強い肯定を表したりして，強調する働きをします。"不是～吗？"というような否定の形で反語文を作り，肯定の意味を強調します。

你不是去书店了吗？ Nǐ bú shì qù shūdiàn le ma?
(あなたは本屋に行ったのではないのですか。)
你不是不喜欢背单词吗？ Nǐ bú shì bù xǐhuan bèi dāncí ma?
(あなたは単語を暗記するのは好きではないのではないですか。
　→あなたは単語を暗記するのは嫌いですよね。)

③ "越～越…"

　"越～越…"は「～すればするほど…」という意味を表します。"越来越…"は「ますます…だ」という意味を表します。

汉语越学越难了。 Hànyǔ yuè xué yuè nán le.
(中国語はますます難しくなりました。)
汉语越来越有意思了。 Hànyǔ yuè lái yuè yǒu yìsi le.
(中国語は勉強すればするほど面白くなりました。)

実践練習

 1. 単語を聞き取ってその簡体字，ピンインと日本語の意味を書いてください。

① 　　　　　　　　　　⑤

② 　　　　　　　　　　⑥

③ 　　　　　　　　　　⑦

④ 　　　　　　　　　　⑧

2．語を正しく並べ替えて発音してみましょう。
　　① 昨天　一个小时　我　逛了　在　书店　多

　　　_____

　　② 拿着　铃木　手上　路线图　地铁　的

　　　_____

　　③ 经常　你　在　买书　网上　吗

　　　_____

　　④ 我　坐　去　买书　准备　地铁

　　　_____

　　⑤ 给我　李老师　推荐　一本书　了

　　　_____

3．中国語の質問を聞いて，中国語で答えてください。
22-04
　　① _____

　　② _____

　　③ _____

4．次の日本語を中国語に訳しましょう。
　　① 母は私に家で服を洗わせました。

　　　_____

　　② あなたは先ほど家で宅配便を待っていたのではないですか。

　　　_____

　　③ 李先生はみなさんを教室へ勉強に行かせました。

　　　_____

　　④ 張さんはいつもネットで本を買うのではないですか。

　　　_____

　　⑤ 李先生は鈴木さんに本を1冊薦めました。

　　　_____

中国語の韻律表現① ポーズ

　中国語を朗読する時には，句読点を付けてそこにポーズを入れて表現することができます。しかし，文が長く，しかも構造が複雑である場合は，意図を正確に伝えるために，句読点がなくても，途中でポーズを入れて発話します。つまり，ポーズは，句読点によるポーズと文法に基づくポーズの2種類があります。句読点のポーズは，文に書かれた句読点に合わせて，軽く間を入れる場合です。文法的なポーズは，文の途中で間を入れる場合です。多くの場合，文法的な役割を担う主語，述語，目的語，限定詞，副詞，または補語を強調するためのポーズです。ポーズを入れる位置によって，文構造が異なり，意味解釈も異なります。

　我见到铃木｜很高兴。（嬉しいのは私）

　我见到｜铃木很高兴。（嬉しいのは鈴木さん）

　小张和铃木｜的老师去日本了。（日本に行ったのは「張さん」と「鈴木さん」の先生です。）この場合は，張さんと鈴木さんに共通した先生という意味です。

　小张｜和铃木的老师去日本了。（日本に行ったのは「張さん」と「鈴木さんの先生」です。）この場合は，鈴木さんの先生であり，張さんの先生ではありません。

豆知識

「中華文化第一街」―上海の福州路

　1842 年に，清朝政府はアヘン戦争でイギリスに敗れて，南京条約を押し付けられました。南京条約により上海が開港され，イギリスの租界（外国人居留地）に定められました。当時のイギリスは，上海の外滩（外灘）を中心に北は蘇州河，南はフランス租界との境界線の延安東路，東は外灘，西は西蔵中路の広い区域を租借地とすることを，清朝政府に要請しました。そして，1845 年から外灘を含めて多くの区域がイギリス政府に管轄されることになり，1943 年 8 月まで英租界になりました。このような歴史的背景があり，上海には「優秀歴史建築」が多く残っており，今も観光やビジネスに活用されています。

　現在の福州路は当時の英租界の四馬路でした。それは外灘から 人民广场 （人民広場）まで南京東路と並行して東西を結ぶ道です。租界時代の四馬路は歓楽街であり，スマロと発音し，1947 年に発表されたディック・ミネの「夜霧のブルース」という歌の中にも登場し，「夢の四馬路（スマロ）か　虹口（ホンキュウ）の街か　あゝ波の音にも　血が騒ぐ」と，当時の四馬路の夜景を描写しています。

　現在では，四馬路は福州路（福州路）と名前を変えて，中華文化第一街として知られています。現在の福州路は，上海最大規模の上海書城，上海外文書店などの本屋さん，文房具店などがたくさん集まる路（通り）となりました。また，歴史ある京劇の舞台や老舗レストランもあります。

112

第23課　我应该把车停在哪里？

〔どこに車を止めるべきですか。〕

--- 本文の表現 ---

没问题，我听得懂。Méi wèntí, wǒ tīngdedǒng.大丈夫です。（私は）聞き取れます。

我应该把车停在哪里？Wǒ yīnggāi bǎ chē tíngzài nǎlǐ?どこに車を止めるべきですか。

出租车不能开进学校。Chūzūchē bù néng kāijin xuéxiào.タクシーは学校に入れません。

那请你把车停在学校门口。Nà qǐng nǐ bǎ chē tíngzài xuéxiào ménkǒu.

それでは車を学校の正門で止めてください。

请给我发票。Qǐng gěi wǒ fāpiào.領収書をください。

 会話

(鈴木さんのお母さんが上海に来たので，鈴木さんはお母さんに豫園を案内します。オンライン配車アプリでタクシーを予約すると，運転手から電話がかかってきました。)

司　机：您好！我是您在滴滴上预约的司机。我不会说日语。
Sījī:　　Nín hǎo! Wǒ shì nín zài Dīdīshang yùyuē de sījī. Wǒ bú huì shuō Rìyǔ.
　　　　我说汉语，可以吗？
　　　　Wǒ shuō Hànyǔ, kěyǐ ma?

铃木翼：没问题，我听得懂。
Língmù Yì:　Méi wèntí, wǒ tīngdedǒng.

司　机：谢谢。我已经到了。我应该把车停在哪里？
Sījī:　　Xièxie. Wǒ yǐjīng dào le. Wǒ yīnggāi bǎ chē tíngzài nǎlǐ?

铃木翼：能把车开进来吗？
Língmù Yì:　Néng bǎ chē kāijinlai ma?

司　机：对不起，出租车不能开进学校。
Sījī:　　Duì buqǐ, chūzūchē bù néng kāijin xuéxiào.

铃木翼：那请你把车停在学校门口。我们一出来，就能看到您。
Língmù Yì:　Nà qǐng nǐ bǎ chē tíngzài xuéxiào ménkǒu. Wǒmen yì chūlai, jiù néng kàndào nín.

司　机：可以。但是我不能停太久。
Sījī:　　Kěyǐ. Dànshì wǒ bù néng tíng tài jiǔ.

铃木翼：明白。我们马上就下来。
Língmù Yì:　Míngbai. Wǒmen mǎshàng jiù xiàlai.

(目的地に到着しました。)

司　机：豫园到了。支付宝还是微信支付？
Sījī:　　Yùyuán dào le. Zhīfùbǎo háishì Wēixìn zhīfù?

铃木翼：用微信支付吧。
Língmù Yì:　Yòng Wēixìn zhīfù ba.

(支払い完了。)

铃木翼：请给我发票。
Língmù Yì:　Qǐng gěi wǒ fāpiào.

司　机：对不起。网约车是不提供纸质发票的。
Sījī:　　Duìbuqǐ. Wǎngyuēchē shì bù tígōng zhǐzhì fāpiào de.

読解 📖

铃木 的 妈妈 来 上海 了。上海 有 一 个 有名 的 旅游 景点 — 豫园。
Língmù de māma lái Shànghǎi le. Shànghǎi yǒu yí ge yǒumíng de lǚyóu jǐngdiǎn — Yùyuán.
铃木 打算 带 他 妈妈 去 豫园 看看。从 宿舍 到 豫园 坐 地铁 有点儿 远。
Língmù dǎsuan dài tā māma qù Yùyuán kànkan. Cóng sùshè dào Yùyuán zuò dìtiě yǒudiǎnr yuǎn.
所以 铃木 用 手机 在 网上 预约了 一 辆 出租车。司机 不 会 说 日语。
Suǒyǐ Língmù yòng shǒujī zài wǎngshang yùyuē le yí liàng chūzūchē. Sījī bú huì shuō Rìyǔ.
铃木 听得懂 汉语。他们 用 汉语 交流。出租车 是 不 能 开进 学校 的。所以
Língmù tīngdedǒng Hànyǔ. Tāmen yòng Hànyǔ jiāoliú. Chūzūchē shì bù néng kāijin xuéxiào de. Suǒyǐ
司机 把 车 停在 了 学校 门口。可是，司机 不 能 把 车 停在 学校 门口 太 久。
sījī bǎ chē tíngzàile xuéxiào ménkǒu. Kěshì, sījī bù néng bǎ chē tíngzài xuéxiào ménkǒu tài jiǔ.
铃木 和 他 妈妈 接到 司机 的 电话 后，马上 从 宿舍 出来 坐上了 车。到了
Língmù hé tā māma jiēdào sījī de diànhuà hòu, mǎshàng cóng sùshè chūlai zuòshangle chē. Dàole
豫园 后，铃木 用 微信 支付。因为 是 网约车，所以 司机 没 给 铃木 纸质
Yùyuán hòu, Língmù yòng Wēixìn zhīfù. Yīnwèi shì wǎngyuēchē, suǒyǐ sījī méi gěi Língmù zhǐzhì
发票。不过，铃木 可以 在 他 的 手机里 查阅 账单 详情。
fāpiào. Búguò, Língmù kěyǐ zài tā de shǒujīli cháyuè zhàngdān xiángqíng.

🎧 新出語句 🏃

23-02

1. 滴滴 dīdī 名 DiDi（配車アプリ）
2. 网约车 wǎngyuē chē 名 オンライン配車
3. 预约 yùyuē 動 予約する
4. 司机 sījī 名 運転手
5. 得 děi 助動 〜しなければならない
6. 懂 dǒng 動 分かる
7. 应该 yīnggāi 助動 〜すべきである
8. 把 bǎ 介（処置の対象）〜を（〜する）
9. 停 tíng 動 止まる；駐車する
10. 进来 jìnlai（方向補語）入ってくる
11. 出租车 chūzūchē 名 タクシー
12. 进 jìn（方向補語）入る
13. 门口 ménkǒu 名 入り口；門口
14. 明白 míngbai 動 分かる
15. 下来 xiàlai（方向補語）上から下に移動してくる
16. 豫园 Yùyuán 名 豫園（地名）
17. 支付宝 Zhīfùbǎo 名 アリペイ
18. 给 gěi 動（〜に）あげる；与える
19. 提供 tígōng 動 提供する
20. 纸质 zhǐzhì 名 紙
21. 发票 fāpiào 名 領収書
22. 旅游景点 lǚyóu jǐngdiǎn 名 観光地
23. 交流 jiāoliú 動 交流する
24. 查阅 cháyuè 動（出版物や文書などを）調べる
25. 账单 zhàngdān 名 請求書
26. 详情 xiángqíng 名（領収書などの）内訳
27. 跑 pǎo 動 走る

文法ポイント 📌

1 方向補語

　中国語では，「**動詞+方向補語**」の形で，動作の移動する方向を表すことができます。方向補語には以下のような単純方向補語と複合方向補語があります。

単純＼複合	単純	shàng 上	xià 下	jìn 进	chū 出	huí 回	…
	lái 来	上来	下去	进来	出来	回来	…
	qù 去	上去	下去	进去	出去	回去	…

我想回去。 Wǒ xiǎng huíqu.（(私は) 帰りたいです。）

他拿出来一本书。 Tā náchulai yì běn shū.（彼は本を1冊出しました。）

出租车不能开进学校。 Chūzūchē bù néng kāijin xuéxiào.（タクシーは学校に入れません。）

能把车开进来吗？ Néng bǎ chē kāijinlai ma?（車で入れてもいいですか。）

☛移動先として目的語を追加したければ，**"来/去"** の前に置きます。たとえば，**"我想回去。"** の表現に，帰る場所である **"家"** を入れて表現したい場合は，**"我想回家去。"** として，動詞 **"回"** の後に，目的地の **"家"** を入れて，最後に方向補語の **"去"** を持ってきます。

② "把" 構文

目的語に対して処置を加えたり，何らかの結果を生じさせたりする時に，**"把"** 構文を使って，「**主語＋"把"＋目的語（特定の物事）＋動詞＋付加成分**」の語順で表します。介詞の **"把"** には，処置や行為が加えられる特定の目的語が続きます。

我没把书看完。 Wǒ méi bǎ shū kànwán.（付加成分：結果補語）

能把车开进来吗？ Néng bǎ chē kāijinlai ma?（付加成分：方向補語）

请把车停在门口。 Qǐng bǎ chē tíngzài ménkǒu.（付加成分："在～"）

请把面包放在桌子上。 Qǐng bǎ miànbāo fàngzài zhuōzishang.（付加成分："在～"，動詞の後ろに目的語が付く）

☛目的語は**特定の物事**でなければなりません。たとえば，**"我把那件衣服扔了。"** は言えますが，**"我把一件衣服扔了。"** は言えません。

☛**"把"** 構文の動詞には加えられた処置・行為の結果や変化を示すことが必要で，処置または支配の意味を持つ他動詞でなければなりません。**"有""喜欢""明白""知道"** などの動詞は **"把"** 構文に使うことができません。

☛**"看"，"开"，"停"** など動詞単独（はだかの動詞）では，**"把"** 構文は成り立ちません。補語や **"在～"，"着"** などの付加成分と一緒に表現しなくてはなりません。否定文では，副詞の **"不"** や **"没"** などは **"把"** の前に置きます。

③ 必要・義務を表す表現

"应该/得～" は，動作を行う義務やその必要性を示す助動詞で，日本語では「～べき」または「～しなければならない」にあたります。

你应该去问老师。Nǐ yīnggāi qù wèn lǎoshī.（あなたは先生に尋ねるべきです。）

我得上网查查。Wǒ děi shàng wǎng chácha.（インターネットで調べなくてはなりません。）

你不应该迟到。Nǐ bù yīnggāi chídào.（あなたは遅刻してはいけません。）

我应该把车停在哪里？Wǒ yīnggāi bǎ chē tíngzài nǎlǐ?（どこに車を止めるべきですか。）

実践練習

1. 単語を聞き取ってその簡体字，ピンインと日本語の意味を書いてください。

23-03

① ⑤

② ⑥

③ ⑦

④ ⑧

2. 次の日本語を中国語に訳しましょう。

① 私は中国語を聞き取れます。

_____

② あなたは遅刻してはいけません。

_____

③ 私たちはすぐに下りてきます。

_____

④ 車を出入り口で止めてください。

_____

⑤ ここには長く駐車できません。

_____

⑥ 弟は風邪を引いたので，よく休まないといけません。

_____

3. 中国語の質問を聞いて，中国語で答えてください。

23-04

① _____

② _____

③ _____

4．タクシーの予約を想定してグループでロールプレイをしましょう。

豆知識

タクシーの乗り方

　中国のタクシーの乗り方は，ほぼ日本と同じです。走っている空車のタクシーを捕まえて乗ればよいのです。上海の大手の三大タクシー会社は，大衆（大众），強生（强生），錦江（锦江）です。ただ，タクシーの利用者数は急増しており，通りで空車を拾うのはかなり難しくなっています。通勤ラッシュ時には，タクシーの奪い合いさえ見られます。こうした状況を解決するために，スマホの配車アプリが誕生しました。これは，タクシー利用者にとって朗報でした。現在，中国では"滴滴出行"（DiDi）などの配車アプリがよく使われており，特に"滴滴出行"は利用者が多くなっています。タクシーの利用者は，現在地と目的地をアプリに入力します。これで自動的にタクシーを予約することができ，近くにいたタクシーが，入力した場所まで迎えに来てくれます。乗車料金もアプリで支払えますので，金銭の受け渡しも一切ありません。すべての操作がスマホのアプリのプラットフォームで行われますので，乗客の個人情報と運転手の個人情報が守られます。さらに，目的地の方向が同じであれば，相乗りもアプリで選択できます。相乗りすると，アプリが料金を自動的に人数で割ってくれます。相乗りを使うとお得です。割り勘もアプリで自動的にできます。このように，中国ではオンラインでのサービスがいろいろな場面で普及しています。

第24課　手机被我摔坏了。

〔携帯は私に落とされて壊れてしまいました（携帯を落として壊してしまいました）。〕

本文の表現

刚才李老师叫你回她的微信。Gāngcái Lǐ lǎoshī jiào nǐ huí tā de Wēixìn.
先ほど李先生はあなたに彼女の WeChat に返事させました。
手机被我摔坏了。Shǒujī bèi wǒ shuāihuài le.
携帯は私に落とされて壊れてしまいました。（「私は携帯を落として壊してしまいました。」の意味ですが，
中国語では受身形を使って，このように表現することができます。）
昨天手机被我送去修了，所以我现在用不了微信。
Zuótiān shǒujī bèi wǒ sòngqu xiū le, suǒyǐ wǒ xiànzài yòngbuliǎo Wēixìn.
昨日，携帯は私に修理に送られたので，今私は WeChat が使えません。（「昨日，私は携帯を修理に送った
…」の意味ですが，中国語では「携帯」を主語とする受身形で表現することができます。）
摔得严重吗？Shuāide yánzhòng ma?ひどく落としましたか。
手机店让我今天去拿手机。Shǒujīdiàn ràng wǒ jīntiān qù ná shǒujī.
今日，携帯ショップが私に携帯を取りに行かせました。

 会話

(24-01)

（数日間，李先生は鈴木さんと連絡が取れなかったので，鈴木さんの近況を張さんに
尋ねます。）
李 亦婷：小张，你 最近 见过　铃木 吗？
Lǐ Yìtíng:　Xiǎozhāng, nǐ　zuìjìn jiànguo Língmù ma?
张 思维：李 老师，我 昨天 在 宿舍 门口 见到过 他。
Zhāng Sīwéi: Lǐ lǎoshī,　wǒ zuótiān zài　sùshè ménkǒu jiàndàoguo tā.
李 亦婷：他 没事 吧？我 给 他 发 微信，他 都 没 回。
Lǐ Yìtíng:　Tā méi shì ba? Wǒ gěi tā fā Wēixìn,　tā dōu méi huí.
　　　　　 你 下次 见到 他 的 时候，叫 他 给 我 回 个 信。
　　　　　 Nǐ　xiàcì jiàndào tā de shíhou, jiào tā gěi wǒ huí ge xìn.
张 思维：好 的，李 老师。
Zhāng Sīwéi: Hǎo de,　Lǐ lǎoshī.
（寮のロビーで張さんは鈴木さんに会いました。）
张 思维：铃木，最近 你 一直 没 跟 李 老师 联系 吗？
Zhāng Sīwéi: Língmù, zuìjìn nǐ yìzhí méi gēn Lǐ lǎoshī liánxì ma?
　　　　　 刚才 李 老师 叫 你 回 她 的 微信。
　　　　　 Gāngcái Lǐ lǎoshī jiào nǐ huí tā de Wēixìn.
铃木 翼：小张，　见到 你 太 好 了! 前天，手机 被 我 摔坏 了。
Língmù Yì:　Xiǎozhāng, jiàndào nǐ tài hǎo le! Qiántiān, shǒujī bèi wǒ shuāihuài le.
　　　　　 昨天 被 我 送去 修 了，所以 我 现在 用不了 微信。
　　　　　 Zuótiān bèi wǒ sòngqù xiū le,　suǒyǐ wǒ　xiànzài　yòngbuliǎo Wēixìn.
张 思维：摔得 严重 吗？修得好 吗？
Zhāng Sīwéi: Shuāide yánzhòng ma? Xiūdehǎo ma?
铃木 翼：不 知道。手机店 让 我 今天 去 拿 手机。
Língmù Yì:　Bù zhīdao. Shǒujīdiàn ràng wǒ jīntiān　qù ná shǒujī.
　　　　　 我 现在 正　准备 去 呢。
　　　　　 Wǒ xiànzài zhèng zhǔnbèi qù ne.
张 思维：那 快 去 吧! 路上 小心!
Zhāng Sīwéi: Nà kuài qù　ba! Lùshang xiǎoxīn!

読解

最近，铃木 一直 没有 回 李 老师 的 微信。李 老师 很 担心 铃木。她 问
Zuìjìn, Língmù yìzhí méiyǒu huí Lǐ lǎoshī de Wēixìn. Lǐ lǎoshī hěn dānxīn Língmù. Tā wèn
小张 铃木 的 情况。 小张 昨天 在 宿舍 门口 见到过 铃木。后来，小张
Xiǎozhāng Língmù de qíngkuàng. Xiǎozhāng zuótiān zài sùshè ménkǒu jiàndàoguo Língmù. Hòulái, Xiǎozhāng
再 见到 铃木 的 时候， 她 让 铃木 给 李 老师 回 个 信。可是，铃木 现在
zài jiàndào Língmù de shíhou, tā ràng Língmù gěi Lǐ lǎoshī huí ge xìn. Kěshì, Língmù xiànzài
用不了 微信。因为，前天 铃木 的 手机 被 他 摔坏 了。昨天 刚 被 送去 修。
yòngbuliǎoWēixìn. Yīnwèi, qiántiān Língmù de shǒujī bèi tā shuāihuài le. Zuótiān gāng bèi sòngqù xiū.
不 知道 能 不 能 被 修好。铃木 离不开 手机。铃木 没有 手机，什么 也
Bù zhīdao néng bu néng bèi xiūhǎo. Língmù líbùkāi shǒujī. Língmù méiyǒu shǒujī, shénme yě
干不了。手机店 让 他 今天 去 拿 手机。他 正 急着 去 手机店 拿 修好 的
gànbuliǎo. Shǒujīdiàn ràng tā jīntiān qù ná shǒujī. Tā zhèng jízhe qù shǒujīdiàn ná xiūhǎo de
手机 呢。你们 是 不 是 也 离不开 手机？
shǒujī ne. Nǐmen shì bu shì yě líbukāi shǒujī?

新出語句

24-02

1. 叫 jiào 動 ～させる（使役を表す）
2. 叫 jiào 介（受身文に用いて）～に～される
3. 回信 huí xìn 動返事を出す
4. 一直 yìzhí 副ずっと
5. 联系 liánxì 動連絡する
6. 让 ràng 介（受身文に用いて）～に～される
7. 回 huí 動返事する
8. 被 bèi 介（受身文に用いて）～に～される
9. 摔坏 shuāihuài 動落ちて壊れる
10. 送 sòng 動送る

11. 修 xiū 動修理する
12. 用不了 yòngbuliǎo 使えない
13. 手机店 shǒujī diàn 名携帯ショップ
14. 路上 lùshang 名道中；途中
15. 小心 xiǎoxīn 形気を付ける
16. 情况 qíngkuàng 名情況；様子
17. 后来 hòulái 名その後
18. 离开 líkāi 動離れる
19. 忘 wàng 動忘れる
20. 前天 qiántiān 名一昨日
21. 干净 gānjing 形きれいだ；清潔だ
22. 流利 liúlì 形流暢だ

文法ポイント

① 受身表現：「～される」

「主語（受動者）＋ "被/叫/让"（＋動作主）＋動詞＋付加成分。」の語順で，
受身の表現ができます。

手机被我摔坏了。Shǒujī bèi wǒ shuāihuài le.
蛋糕被弟弟吃了。Dàngāo bèi dìdi chī le.
手机叫人送去修了。Shǒujī jiào rén sòngqù xiū le.
作业让我忘在家里了。Zuòyè ràng wǒ wàngzài jiā li le.

119

☞ "被" は書き言葉的に用いる傾向があり，口語ではむしろ "叫" や "让" のほうが多く用いられます。

☞ 話し言葉においては，「主語（受動者）＋ "被/叫/让"（＋動作主）＋ "给" ＋動詞＋付加成分」のように，動詞の前に "给" を加えると，受身の語気を強調することができます。たとえば，"手机被我给摔坏了。""蛋糕被弟弟给吃了。" などです。

さまざまな介詞

介詞	導くもの	意味	例文
在	動作の場所	～で	我在图书馆背单词。
从～		起点から終点まで	从我家到学校步行需要十分钟。
离	場所や時間	～から；～まで〔2点の空間的・時間的隔たり〕	我家离车站很近。
给	動作の受益者	～に	我想给我爸爸打电话。
跟/和	動作の相手	～と；～と一緒に	我和她一起上汉语课。
比	比較の基準	～に比べて	今天比昨天暖和。
对	動作の対象	～に；～に対して	老师对我说。
往	方向	～の方へ；～に向かって	一直往前走。
被	受身文	～に～される	手机被我摔坏了。
叫，让		～に～される	老师叫你回她的邮件。
把	処置文	～を（～する）	请把门打开。

☞ "叫" "让" は使役のマーカーとしても用いられます。

2 使役表現：「～させる」

「主語＋ "叫/让" ＋目的語＋動詞フレーズ」の語順で，使役表現として表すことができます。ここでの「目的語」は使役動詞の "叫""让" の目的語であり，後ろの「動詞フレーズ」の動作主でもあります。

你下次见到他的时候，叫他给我回个信。
Nǐ xiàcì jiàndào tā de shíhòu, jiào tā gěi wǒ huí ge xìn.
（今度，彼に会う時，私に返事するようにお伝えください。）
李老师让我好好儿学习汉语。Lǐ lǎoshī ràng wǒ hǎohāor xuéxí.
（李先生は私にしっかりと勉強させました。）
妈妈不让我去玩儿。Māma bú ràng wǒ qù wánr.（母は私を遊びに行かせません。）

☞ "叫" は「相手に言いつけて～させる」という意味が強いのに対して，"让" は「相手の希望どおりに～させてあげる」という意味が込められています。そのため，"叫" は命令の意を強調する時によく使われます。

③ 様態補語

　「動詞＋"得"＋形容詞」で動作・行為の状態を表すことができます。否定形は「動詞＋"得"＋"不"＋形容詞」をとります。動詞の後ろに目的語が来る場合，「動詞＋目的語＋動詞＋"得"＋形容詞」，つまり，動詞を繰り返して，補語部分を加えて表します。

　　　摔得严重吗？Shuāide yánzhòng ma?

　　　她跑得快。Tā pǎode kuài.

　　　她晚饭吃得不多。Tā wǎnfàn chīde bù duō.

　　　衣服洗得干净不干净？Yīfu xǐde gānjìng bu gānjing?

☛ただし，動詞に目的語がある場合，以下の3つの言い方ができます。

　　　铃木说汉语说得很流利。Língmù shuō Hànyǔ shuōde hěn liúlì.

　　　铃木汉语说得很流利。Língmù Hànyǔ shuōde hěn liúlì.

　　　铃木的汉语说得很流利。Língmù de Hànyǔ shuōde hěn liúlì.

☛中国語においては，文の述語になる動詞や形容詞の後に置いて，述語が表す動作や行為の性質や状態などを補足して説明するものを補語と呼びます。機能，特徴や性質によってさまざまな補語があります。ここまでに，**結果補語**，**程度補語**，**方向補語**，**可能補語**と**様態補語**を勉強しました。

中国語の補語まとめ

補語	意味	構造	例
結果補語	動作を行った後の結果を表す。〔補語には動詞や形容詞を用いる。〕	動詞＋結果補語	吃完 看见 听懂
程度補語	形容詞や一部の心理状態を表す動詞の後に置き，その程度が甚だしいことを表す。	動詞/形容詞＋得＋程度補語 動詞/形容詞＋程度補語	好得多了 累死了 流行极了
方向補語	動作の移動方向を表す。〔補語には特定の動詞が使用される。〕	動詞＋方向補語	送去 开进来
可能補語	動詞と結果または方向補語の間に"得"または"不"を入れることで，補語の表す結果が実現できるかどうかを表す。	動詞＋得/不＋可能補語	听得懂 吃得了 开得进来 听不懂 吃不了 开不进来
様態補語	動詞や形容詞の後に続いて，その動作，状態および行為の程度や結果について補足説明をする。	動詞/形容詞＋得（＋副詞）＋様態補語	洗得干净 说得不好 吃得不多 摔得很严重

実践練習

🎧 24-03　1．単語を聞き取ってその簡体字，ピンインと日本語の意味を書いてください。

① ⑤

② ⑥

③ ⑦

④ ⑧

2．語を正しく並べ替えて発音してみましょう。
① 家里　被　作业　忘在　了　我

_____

② 得　洗　衣服　干净

_____

③ 昨天　见到过　我　宿舍　在　门口　他

_____

④ 了　他　我　给　微信　发

_____

⑤ 让　妈妈　不　玩　我　出去

_____

🎧 24-04　3．中国語の質問を聞いて，中国語で答えてください。

① _____

② _____

③ _____

4．次の日本語を中国語に訳しましょう。
① 携帯は私に落とされて壊れてしまいました。

_____

② 李先生は鈴木さんに WeChat の返事をさせます。

_____

③ 李先生は張さんに一言鈴木さんへ伝えるよう言いました。

_____

④ 私は今携帯が使えません。（可能補語を使ってください。）

_____

⑤ 弟は昼ごはんをたくさん食べたので，ケーキが食べられなくなりました。
（様態補語と可能補語を使ってください。）

_____

豆知識

携帯事情

　中国では，SIM カード（Subscriber Identity Module Card）を携帯端末に差し込むことで通信できます。1 つの SIM カードを複数の携帯電話の端末に移したり，あるいは 1 つのモバイル端末で複数の SIM カードで携帯番号を切り替えて使用したりすることができます。中国の 3 大携帯キャリア（携帯電話会社）は，中国移動（China Mobile），中国联通（China Unicom），中国电信（China Telecom）ですが，これらの中から，1 つを選んで端末を購入して，SIM カードを差し込めば通信できます。毎月の料金は，基本プラン料金，通話料，通信料などによって構成されます。支払いはチャージ（前払い）方式です。日本と異なり，気に入った携帯端末を購入した後に，同じ携帯端末を使って他のキャリアの SIM カードを購入して使用することもできます。

　中国では，携帯普及率が 90%を超えたといわれています。つまり，人口 14 億人の 90%にあたる 12.6 億人が携帯を利用しているのです。そう考えると，中国はまさに携帯の巨大市場といえるでしょう。これらの人たちは携帯を使って，スマホゲームをしたり，EC（電子商取引）で買い物をしたり，さまざまなアプリを使って生活していますので，携帯なしでは生活できなくなっています。このような「スマホ依存症」の状態を表した "低头族"（dītóuzú うつむき族）や "手机控"（shǒujīkòng 携帯コンプレックス）などの新語が誕生しました。現在，华为（HUAWEI），OPPO，Vivo，小米（Xiaomi）などの新興の国産メーカーが急成長を遂げています。

第25課　总复习

〔総復習〕

── 本文の表現 ──

打扰了。Dǎrǎo le.お邪魔します。

别客气。Bié kèqi.遠慮しないでください。

上海是一座海纳百川的城市。Shànghǎi shì yí zuò hǎinà bǎichuān de Zhānggshì.

上海は百川（ひゃくせん）を納（い）る都市です。（すべてを許容して莫大であるという意味で，上海がいろいろな文化などを受け入れてきた都市であることを表す。）

又先进，又时尚。Yòu xiānjìn, yòu shíshàng.先進的でもあり，ファッショナブルでもあります。

我非常喜欢上海，更喜欢上海的海派文化。Wǒ fēicháng xǐhuan Shànghǎi, gèng xǐhuan Shànghǎi de Hǎipài wénhuà.私は上海がとても好きで，さらに上海の都市文化も好きです。

 会話

25-01

（お正月に鈴木さんが日本に帰らないので，李先生は自宅に指導生の張さんと鈴木さんを招待します。）

铃木 翼、张 思维：李 老师，新年 好！
Língmù Yì、Zhāng Sīwéi: Lǐ lǎoshī, xīnnián hǎo!

李 亦婷：铃木、 小张， 新年 好！快 请进！
Lǐ Yìtíng: Língmù、Xiǎozhāng, xīnnián hǎo! Kuài qǐngjìn!

铃木 翼、张 思维：老师，打扰 了。
Língmù Yì、Zhāng Sīwéi: Lǎoshī, dǎrǎo le

李 亦婷：不 打扰。随便 坐，别 客气。你们 想 喝 什么？
Lǐ Yìtíng: Bù dǎrǎo. Suíbiàn zuò, bié kèqi. Nǐmen xiǎng hē shénme?

　　　　　我 这里 有 普洱茶 和 咖啡。对 了，你们 想 不 想 喝 珍珠 奶茶？
　　　　　Wǒ zhèlǐ yǒu Pǔěrchá hé kāfēi. Duì le, nǐmen xiǎng bu xiǎng hē zhēnzhū nǎichá?

铃木 翼：我 想 喝 珍珠 奶茶。
Língmù Yì: Wǒ xiǎng hē zhēnzhū nǎichá.

张 思维：我 也 想 喝 珍珠 奶茶。
Zhāng Sīwéi: Wǒ yě xiǎng hē zhēnzhū nǎichá.

李 亦婷：好！听说，小张 在 教 铃木 汉语，对 吗？
Lǐ Yìtíng: Hǎo! Tīngshuō, Xiǎozhāng zài jiāo Língmù Hànyǔ, duì ma?

铃木 翼：是 的。汉语 的 发音 太 难 了，我 总是 说不好。
Língmù Yì: Shì de. Hànyǔ de fāyīn tài nán le, wǒ zǒngshì shuōbuhǎo.

　　　　　所以 我 经常 让 小张 纠正 我 的 发音。
　　　　　Suǒyǐ wǒ jīngcháng ràng Xiǎozhāng jiūzhèng wǒ de fāyīn.

李 亦婷：铃木 的 发音 的确 比 刚 来 中国 的 时候 好 多了。
Lǐ Yìtíng: Língmù de fāyīn díquè bǐ gāng lái Zhōngguó de shíhou hǎo duōle.

　　　　　铃木，在 中国 待得习惯 吗？
　　　　　Língmù, zài Zhōngguó dāidexíguàn ma?

铃木 翼：上海 是 一 座 海纳 百川 的 城市。又 先进，又 时尚。
Língmù Yì: Shànghǎi shì yí zuò hǎinà bǎichuān de chéngshì. Yòu xiānjìn, yòu shíshàng.

我 非常 喜欢 上海，更 喜欢 上海 的 海派 文化。
Wǒ fēicháng xǐhuan Shànghǎi, gèng xǐhuan Shànghǎi de Hǎipài wénhuà.

李 亦婷：你 的 汉语 真的 进步 不少 啊。
Lǐ Yìtíng: Nǐ de Hànyǔ zhēnde jìnbù bushǎo a.

铃木 翼：哪里，哪里。都 是 小张 老师 教得好。
Língmù Yì: Nǎlǐ, nǎlǐ. Dōu shì Xiǎozhāng lǎoshī jiāodehǎo.

李 亦婷：今天 我 把 大家 叫来，一起 吃 上海 的 特色 小吃 — 馄饨。
Lǐ Yìtíng: Jīntiān wǒ bǎ dàjiā jiàolái, yìqǐ chī Shànghǎi de tèsè xiǎochī — húntun.

铃木 翼：馄饨？
Língmù Yì: Húntun?

李 亦婷：对 啊。你 在 上海 没 吃过 吗？
Lǐ Yìtíng: Duì a. Nǐ zài Shànghǎi méi chīguo ma?

铃木 翼：我 吃过 小笼包、 红烧肉 和 大闸蟹，还 真 没 吃过 馄饨。
Língmù Yì: Wǒ chīguo xiǎolóngbāo、hóngshāoròu hé dàzháxiè, hái zhēn méi chīguo húntun.

李 亦婷：那 今天 应该 在 我 这里 尝尝 正宗 的 上海 馄饨。
Lǐ Yìtíng: Nà jīntiān yīnggāi zài wǒ zhèlǐ chángchang zhèngzōng de Shànghǎi húntun.
　　　　　先 从 包 馄饨 开始 吧。我 教 你。小张 会 包 吗？
　　　　　Xiān cóng bāo húntun kāishǐ ba. Wǒ jiāo nǐ. Xiǎozhāng huì bāo ma?

张 思维：我 会。我 一 个 人 能 包 很 多 馄饨。
Zhāng Sīwéi: Wǒ huì. Wǒ yí ge rén néng bāo hěn duō húntun.

李 亦婷：那 太 好 了！青菜、猪肉、香菇 和 馄饨皮，我 都 已经 买好 了。
Lǐ Yìtíng: Nà tài hǎo le! Qīngcài、zhūròu、xiānggū hé húntunpí, wǒ dōu yǐjīng mǎihǎo le.
　　　　　小张， 你 和 铃木 先 去 客厅 准备准备。
　　　　　Xiǎozhāng, nǐ hé Língmù xiān qù kètīng zhǔnbèizhunbei.

铃木 翼、张 思维：好。
Língmù Yì、Zhāng Sīwéi: Hǎo.

张 思维：李 老师，馄饨皮 在 哪里？
Zhāng Sīwéi: Lǐ lǎoshī, húntunpí zài nǎlǐ?

李 亦婷：馄饨皮 被 我 放进 冰箱里 了。我 去 拿。
Lǐ Yìtíng: Húntunpí bèi wǒ fàngjin bīngxiānglǐ le. Wǒ qù ná.
　　　　　你们 都 别 站着 呀。都 坐下来。我们 坐着 包 馄饨。
　　　　　Nǐmen dōu bié zhànzhe ya. Dōu zuòxialai. Wǒmen zuòzhe bāo húntun.

读解 📖

中国人 过 农历 的 春节。和 日本人 一样，春节 是 一 年 中 最 重要
Zhōngguórén guò nónglì de Chūnjié. Hé Rìběnrén yíyàng, Chūnjié shì yì nián zhōng zuì zhòngyào
的 节日。这 天，全家 会 在 一起 一边 吃 年夜饭，一边 看 春节 联欢 晚会。
de jiérì. Zhè tiān, quánjiā huì zài yìqǐ yìbiān chī niányèfàn, yìbiān kàn Chūnjié liánhuān wǎnhuì.
不过，中国 北方 的 春节 和 南方 的 春节 习俗 有点儿 不 一样。北方 的
Búguò, Zhōngguó běifāng de Chūnjié hé nánfāng de Chūnjié xísú yǒudiǎnr bù yíyàng. Běifāng de
习俗 是 吃 饺子，南方 的 习俗 是 吃 汤圆。不论 是 饺子 还是 汤圆，都 有
xísú shì chī jiǎozi, nánfāng de xísú shì chī tāngyuán. Bùlùn shì jiǎozi háishi tāngyuán, dōu yǒu
吉祥 如意、团圆 的 意思。
jíxiáng rúyì、tuányuán de yìsī.

今年 的 春节，铃木 没 买到 机票，回不了 日本。他 打算 在 上海 过 年。
Jīnnián de Chūnjié, Língmù méi mǎidào jīpiào, huíbuliǎo Rìběn. Tā dǎsuan zài Shànghǎi guò nián.
于是，李 老师 邀请 铃木 和 小张 去 她 家 一起 过 年。李 老师 准备了 很
Yúshì, Lǐ lǎoshī yāoqǐng Língmù hé Xiǎozhāng qù tā jiā yìqǐ guò nián. Lǐ lǎoshī zhǔnbèile hěn

多 好吃 的、好喝 的,招待 铃木 和 小张。 李 老师 还 买好了 猪肉、青菜、
duō hǎochī de、 hǎohē de,zhāodài Língmù hé Xiǎozhāng. Lǐ lǎoshī hái mǎihǎole zhūròu、 qīngcài、

香菇 和 馄饨皮。 她 打算 和 铃木、小张 一起 包 馄饨, 让 铃木 体验 一下
xiānggū hé húntunpí. Tā dǎsuan hé Língmù、Xiǎozhāng yìqǐ bāo húntun, ràng Língmù tǐyàn yíxià

中国 文化。
Zhōngguó wénhuà.

铃木 来 上海 后,小张 是 他 的 汉语 老师。她 不仅 平时 教 铃木 汉语、
Língmù lái Shànghǎi hòu,Xiǎozhāng shì tā de Hànyǔ lǎoshī. Tā bùjǐn píngshí jiāo Língmù Hànyǔ、

纠正 铃木 的 发音,还 带 铃木 去 吃了 很 多 好吃 的 上海菜。李 老师 也
jiūzhèng Língmù de fāyīn, hái dài Língmù qù chīle hěn duō hǎochī de Shànghǎicài. Lǐ lǎoshī yě

觉得 铃木 的 汉语 进步了 不少, 夸 铃木 的 发音 好。馄饨 是 上海 的 特色
juéde Língmù de Hànyǔ jìnbùle bùshǎo, kuā Língmù de fāyīn hǎo. Húntun shì Shànghǎi de tèsè

小吃,可是 铃木 还 没 吃过。今天 真的 是 铃木 学习 中国 文化 的 好 机会。
xiǎochī, kěshì Língmù hái méi chīguo. Jīntiān zhēnde shì Língmù xuéxí Zhōngguó wénhuà de hǎo jīhuì.

小张 真 厉害。她 一 个 人 能 包 很 多 馄饨。他们 三 个 人 一起 在 上海
Xiǎozhāng zhēn lìhài. Tā yí ge rén néng bāo hěn duō húntun. Tāmen sān ge rén yìqǐ zài Shànghǎi

过了 一 个 愉快 又 特别 的 新年。
guòle yí ge yúkuài yòu tèbié de xīnnián.

新出語句

25-02

1. 新年 xīnnián 名新年
2. 打扰 dǎrǎo 動邪魔する
3. 随便 suíbiàn 副気ままに；随意にする
4. 普洱茶 Pǔěrchá 名プーアル（茶）
5. 总是 zǒngshì 副いつも
6. 纠正 jiūzhèng 動矯正する
7. 的确 díquè 副確かに
8. 待 dāi 動とどまる；逗留する
9. 习惯 xíguàn 動慣れる
10. 座 zuò 量（山やビルなど）大型のものや固定したものを数える。
11. 海纳百川 hǎinà bǎichuān 海は百の川を納めるから，海になる。
12. 城市 chéngshì 名都市
13. 先进 xiānjìn 形先進的
14. 时尚 shíshàng 形お洒落
15. 更 gèng 副いっそう；ますます
16. 海派文化 Hǎipài wénhuà 上海の都市文化
17. 进步 jìnbù 動進歩する

18. 少 shǎo 形少ない
19. 特色 tèsè 名特色
20. 小吃 xiǎochī 名軽食
21. 青菜 qīngcài 名チンゲン菜
22. 猪肉 zhūròu 名豚肉
23. 香菇 xiānggū 名椎茸
24. 馄饨皮 húntunpí 名ワンタンの皮
25. 客厅 kètīng 名客間
26. 放 fàng 動置く
27. 别 bié 助動（形容詞，動詞の前で用い，禁止や制止を表す）〜するな；〜してはいけない
28. 站 zhàn 動立つ
29. 重要 zhòngyào 形重要である；大切である
30. 节日 jiérì 名祝日
31. 全家 quánjiā 名家族全員
32. 一边〜一边… yìbiān〜yìbiān… 〜しながら…する
33. 春节联欢晚会 Chūnjié liánhuān wǎnhuì 年越し番組「春節の夕べ」

34. 年夜饭 niányèfàn 名年越しの食事

35. 北方 běifāng 名（長江流域およびそれ以北の地域を指し）華北地方

36. 南方 nánfāng 名（長江流域およびそれ以南の地域を指し）華南地方

37. 习俗 xísú 名（民間や社会の）習俗；風俗習慣

38. 汤圆 tāngyuán 名白玉団子（中国の伝統的な食べ物の1つ）

39. 不论 búlùn 接〜を問わず；〜にかかわらず

40. 吉祥如意 jíxiáng rúyì 縁起がよい

41. 团圆 tuányuán 動団らんする

42. 邀请 yāoqǐng 動招く；招待する

43. 体验 tǐyàn 動体験する

44. 文化 wénhuà 名文化

45. 夸 kuā 動褒める

46. 机会 jīhuì 名機会

47. 厉害 lìhai 形すごい（相手を褒める意味で使う）

48. 愉快 yúkuài 形愉快である；嬉しい

実践練習

25-03
1. 単語を聞き取ってその簡体字，ピンインと日本語の意味を書いてください。

①   ⑪

②   ⑫

③   ⑬

④   ⑭

⑤   ⑮

⑥   ⑯

⑦   ⑰

⑧   ⑱

⑨   ⑲

⑩   ⑳

2. ┌─────┐ 内の言葉から適切なものを選んで（ ）に入れ，文を完成させてく
ださい。

┌────────────────────────┐
│ 张　杯　个　本　座　把 │
└────────────────────────┘

① 我要一（　　　）咖啡。

② 教室有三（　　　）学生。

③ 那里有（　　　）山。

④ 我买了两（　　　）高铁票。

⑤ 李老师给了我一（　　　）书。

┌──────────────────────────────────────┐
│ 会　能　可以　不　应该　打算　准备　听说 │
└──────────────────────────────────────┘

① 我（　　　）明年去中国留学。

② 妹妹（　　　）弹钢琴。

③ （　　　）铃木每天喝一杯珍珠奶茶。

④ 这里（　　　）扔垃圾。（禁止を表す）

⑤ 这家饭店（　　　）用手机支付。

┌────────────────────────────┐
│ 被　把　让　叫　正在　教 │
└────────────────────────────┘

① 请（　　　）快递放在门口。

② 衣服（　　　）妈妈洗了。

③ 我（　　　）蛋糕放进冰箱里了。

④ 小张在（　　　）铃木汉语。

⑤ 铃木（　　　）学汉语。

┌────────────────────────────────┐
│ 完　好　极了　懂　多了　进来 │
└────────────────────────────────┘

① 饭太多了，吃不（　　　）。

② 铃木听得（　　　）汉语。

③ 不能把出租车开（　　　）。

④ 妹妹钢琴弹得很（　　　）。

⑤ 铃木的汉语比刚来中国的时候说得好（　　　）。

3．中国語の文を日本語に訳してください。
① 我想去医院验验血。

_____

② 我点了三道中国菜。

_____

③ 学校门口停着一辆出租车。

_____

④ 我今天没吃早饭，饿死了。

_____

⑤ 最近外卖也在日本流行起来了。

_____

⑥ 我没在日本吃过小笼包。

_____

⑦ 李老师给我推荐了一本书。

_____

⑧ 我正在上网买书呢。

_____

⑨ 妈妈昨天去超市买回来两块蛋糕。

_____

⑩ 昨天手机被我送去修了，所以我现在用不了微信。

_____

4．日本語の文を中国語に訳してください。
① またあなたに会えて非常に嬉しいです。

_____

② ちょっと試着してもいいですか。

_____

③ もうすぐ授業なので，私は走って教室に行かなくてはなりません。

_____

④ 地下鉄の駅は学校から遠くなく，歩いて約10分しかかかりません。

_____

⑤ 先に他の人のコメントを読んでから，選択をしてもいいです。

_____

⑥ 私はあなたに英語を教えることができます。

_____

⑦ 今日，彼女はきれいなシャツを着ています。

_____

⑧ 私は冷たいオレンジジュースを一杯注文しました。

_____

⑨ ちょっと安くしていただけますか。

_____

⑩ 私はテレビをつけて宿題をやりたいです。

_____

中国語の韻律表現② 重音（ストレス）

　中国語の文では，ポーズの他，重音（ストレスとも呼ばれる）も重要な韻律表現の一つです。単語，またはフレーズに重音を置くことで，文の曖昧性を解消したり，意味を強調したりします。ここでは，中国語における文法的重音とロジック重音を紹介します。

　文法的重音とは，文法規則に従って，文の一部の成分に重音（ストレス）を置いて，意味を強調することです。たとえば，"他**去**学校了。"のように動詞述語文の場合，動詞の"去"に重音を置きます。"小笼包**非常**好吃。"のような形容詞述語文の場合，程度副詞の"非常"に重音を置きます。また，"我看**完**了"，"好吃**极**了。"などのように，結果補語と程度補語を含む場合，結果補語と程度補語に重音を置くことで，強調した表現になります。

　一方，ロジック重音は，話し手が会話の場面や文脈により，重要な情報に焦点を当てて聞き手に伝えるため，用いられます。たとえば，"他在学汉语。（彼は中国語を勉強しています。）"という文に対して，重音を置くことで，聞き手に伝える情報が異なります。質問に応じて，以下のように重音を置くことができます。

　Q₁：他在学什么？（彼は何を勉強していますか。）
　A₁：他在学**汉语**。（*注*：目的語を強調し，対象に焦点を当てています。）
　Q₂：谁在学汉语？（誰が中国語を勉強していますか。）
　A₂：**他**在学汉语。（*注*：主語を強調し，動作主に焦点を当てています。）
　Q₃：他在学汉语吗？（彼は中国語を勉強していますか。）
　A₃：他**在学**汉语。（*注*：動詞を強調し，行為に焦点を当てています。）

覚えましょう！

	中国語	日本語
☐ K2-01	请 再 说 一 遍。 Qǐng zài shuō yí biàn.	もう一度おっしゃってください。
☐ K2-02	祝 你 早日 康复！ Zhù nǐ zǎorì kāngfù!	早く良くなりますように。
☐ K2-03	路上 小心！ Lùshang xiǎoxīn!	道中気を付けてください。
☐ K2-04	一路 平安！ Yílù píng'ān	道中ご無事で。
☐ K2-05	飞机 几 点 起飞？ Fēijī jǐ diǎn qǐfēi?	飛行機は何時に出発しますか。
☐ K2-06	飞机 几 点 到达？ Fēijī jǐ diǎn dàodá?	飛行機は何時に到着しますか。
☐ K2-07	怎么 称呼 您？ Zěnme chēnghū nín?	何とお呼びすればよろしいですか。
☐ K2-08	你 用 微信 吗？ Nǐ yòng Wēixìn ma?	WeChat を使いますか。
☐ K2-09	你 扫 一下 我 的 二维码 吧。 Nǐ sǎo yíxià wǒ de èrwéimǎ ba.	私の二次元バーコードを読み取ってみてください。
☐ K2-10	我们 加 一下 微信 吧。 Wǒmen jiā yíxià Wēixìn ba.	WeChat を交換しましょう。
☐ K2-11	保持 联系 啊。 Bǎochí liánxì a.	連絡を続けましょう。
☐ K2-12	这个 怎么 吃？ Zhège zěnme chī?	これはどうやって食べますか。
☐ K2-13	我 要 打包 带走。 Wǒ yào dǎbāo dàizǒu.	（料理を）包んで持って帰ります。
☐ K2-14	请 给 我 一 个 袋子。 Qǐng gěi wǒ yí ge dàizi.	袋を１枚ください。
☐ K2-15	要 等 多长 时间？ Yào děng duōcháng shíjiān?	どれくらい待たないといけませんか。

□ K2-16	我 预定了 六 点 的 包间， Wǒ yùdìngle liù diǎn de bāojiān, 我 姓 张。 wǒ xìng Zhāng.	18 時に個室を予約した張といいます。
□ K2-17	有 空 位 吗？ Yǒu kòng wèi ma?	空いている席がありますか。
□ K2-18	这里 可以 坐 吗？ Zhèlǐ kěyǐ zuò ma?	ここに座ってもいいですか。
□ K2-19	还 要 别的 吗？ Hái yào biéde ma?	他には何か要りますか。
□ K2-20	就 点 这些 吧。 Jiù diǎn zhèxiē ba.	これくらいにしましょう。
□ K2-21	不 够 再 添。 Bú gòu zài tiān.	足りなかったらまた頼みます。
□ K2-22	有 日语 菜单 吗？ Yǒu Rìyǔ càidān ma?	日本語のメニューはありますか。
□ K2-23	请 给 我 看 一下 菜单。 Qǐng gěi wǒ kàn yíxià càidān.	メニューを見せてください。
□ K2-24	请 帮 我 把 瓶盖 打开。 Qǐng bāng wǒ bǎ pínggài dǎkāi.	栓を開けてください。
□ K2-25	请 少 放 点儿 辣椒。 Qǐng shǎo fàng diǎnr làjiāo.	唐辛子を少なめにしてください。
□ K2-26	我 点 的 菜 还 没 上。 Wǒ diǎn de cài hái méi shàng.	私が注文した料理がまだ来ていません。
□ K2-27	请 帮 我 问 一下。 Qǐng bāng wǒ wèn yíxià.	ちょっと聞いてもらえますか。
□ K2-28	可以 微信 支付 吗？ Kěyǐ Wēixìn zhīfù ma?	WeChat で支払えますか。
□ K2-29	我们 AA 制 吧。 Wǒmen AAzhì ba.	割り勘にしましょう。
□ K2-30	我 请 客。 Wǒ qǐng kè.	ごちそうします。
□ K2-31	请 帮 我 包装 一下。 Qǐng bāng wǒ bāozhuāng yíxià.	包装してください。
□ K2-32	可以 试穿 吗？ Kěyǐ shìchuān ma?	試着してもいいですか。

	中文	日本語
☐ K2-33	不 好意思，请 让 一下。 Bù hǎoyìsi, qǐng ràng yíxià.	すみません，ちょっと通してください。
☐ K2-34	几 点 关 门? Jǐ diǎn guān mén	何時に閉まりますか。
☐ K2-35	今天 的 日元 汇率 是 多少? Jīntiān de Rìyuán huìlǜ shì duōshao?	今日の日本円のレートはいくらですか。
☐ K2-36	我 想 把 日元 换成 人民币。 Wǒ xiǎng bǎ Rìyuán huànchéng Rénmínbì.	日本円を人民元に替えたいです。
☐ K2-37	请问 在 哪里 换 三 号线? Qǐngwèn zài nǎlǐ huàn sān hàoxiàn?	お尋ねしますが， どこで3号線に乗り換えますか。
☐ K2-38	我 想 订 一 间 单人房。 Wǒ xiǎng dìng yì jiān dānrénfáng.	シングルルームを1部屋予約したいです。
☐ K2-39	住 一 晚 多少 钱? Zhù yì wǎn duōshao qián?	一泊いくらですか。
☐ K2-40	我 是 在 网上 订 的。 Wǒ shì zài wǎngshang dìng de.	ネットで予約したのです。
☐ K2-41	我 要 办 入住 手续。 Wǒ yào bàn rùzhù shǒuxù.	チェックインをしたいです。
☐ K2-42	早饭 从 几 点 开始? Zǎofàn cóng jǐ diǎn kāishǐ?	朝食は何時からですか。
☐ K2-43	我 要 退 房。 Wǒ yào tuì fáng.	チェックアウトをしたいです。
☐ K2-44	可以 寄存 行李 吗? Kěyǐ jìcún xínglǐ ma?	荷物を預かってもらえますか。
☐ K2-45	房间 里能 上网 吗? Fángjiān lǐ néng shàngwǎng ma?	部屋でネットは使えますか。
☐ K2-46	房间 的 Wi-Fi 是 哪 一 个? Fángjiān de Wi-Fi shì nǎ yí ge?	部屋のWi-Fiはどれですか。
☐ K2-47	密码 是 多少? Mìmǎ shì duōshao?	パスワードは何ですか?

発音編（総合練習）

単母音

1．発音してみましょう。

① ā　　á　　ǎ　　à　　　④ yī　　yí　　yǐ　　yì

② ō　　ó　　ǒ　　ò　　　⑤ wū　　wú　　wǔ　　wù

③ ē　　é　　ě　　è　　　⑥ yū　　yú　　yǔ　　yù

P01　2．発音されたほうに○を付けましょう。

① a　　e　　o　　　　　⑤ e　　yi　　wu

② yi　　yu　　wu　　　　⑥ o　　e　　a

③ wu　　o　　yu　　　　⑦ yu　　wu　　yi

④ yu　　a　　e　　　　⑧ yi　　o　　yu

P02　3．発音を聞いて，声調符号を付けましょう。

① a　　　　③ e　　　　⑤ wu　　　　⑦ er

② o　　　　④ yi　　　　⑥ yu　　　　⑧ mama

複母音とそり舌母音

1．発音してみましょう。

① āi　　ái　　ǎi　　ài　　　⑧ wō　　wó　　wǒ　　wò

② ēi　　éi　　ěi　　èi　　　⑨ yuē　　yué　　yuě　　yuè

③ āo　　áo　　ǎo　　ào　　　⑩ yāo　　yáo　　yǎo　　yào

④ ōu　　óu　　ǒu　　òu　　　⑪ yōu　　yóu　　yǒu　　yòu

⑤ yā　　yá　　yǎ　　yà　　　⑫ wāi　　wái　　wǎi　　wài

⑥ yē　　yé　　yě　　yè　　　⑬ wēi　　wéi　　wěi　　wèi

⑦ wā　　wá　　wǎ　　wà　　　⑭ ēr　　ér　　ěr　　èr

P03　2．発音されたほうに○を付けましょう。

① ou　　　　wo　　　　　④ you　　　　yue

② ao　　　　wa　　　　　⑤ wai　　　　wei

③ ai　　　　ei　　　　　⑥ yao　　　　yue

134

⑦ er   ai   ⑧ ou   ei

🎧P04　3．発音を聞いて，複母音を書き取って，声調符号も付けましょう。

① ＿＿＿＿＿＿＿＿＿＿　　　⑤ ＿＿＿＿＿＿＿＿＿＿

② ＿＿＿＿＿＿＿＿＿＿　　　⑥ ＿＿＿＿＿＿＿＿＿＿

③ ＿＿＿＿＿＿＿＿＿＿　　　⑦ ＿＿＿＿＿＿＿＿＿＿

④ ＿＿＿＿＿＿＿＿＿＿　　　⑧ ＿＿＿＿＿＿＿＿＿＿

子音

🎧P05　1．発音されたほうに〇を付けましょう。

① bo	po	⑤ zhi	chi
② da	ta	⑥ zi	ci
③ ge	ke	⑦ ri	li
④ ji	qi	⑧ zu	su

🎧P06　2．発音を聞いて，子音を書き取って，声調符号も付けましょう。

① ＿＿＿＿i	⑤ ＿＿＿＿uo
② ＿＿＿＿u	⑥ ＿＿＿＿ei
③ ＿＿＿＿e	⑦ ＿＿＿＿ai
④ ＿＿＿＿o	⑧ ＿＿＿＿ou

鼻母音

🎧P07　1．発音されたほうに〇を付けましょう。

① bàn 半	bàng 棒	⑤ yán 盐	yáng 羊
② sān 三	shān 山	⑥ yīn 音	yīng 英
③ bèn 奔	bèng 崩	⑦ liàn 练	liàng 亮
④ shēn 深	shēng 生	⑧ wǎn 晚	wǎng 网

🎧P08　2．発音を聞いて，鼻母音を書き取って，声調符号も付けましょう。

① p＿＿＿＿　　　　　　　③ h＿＿＿＿

② c＿＿＿＿　　　　　　　④ m＿＿＿＿

⑤ b_____ ⑨ ch_____

⑥ j_____ ⑩ k_____

⑦ y_____ ⑪ sh_____

⑧ n_____ ⑫ x_____

🎧P09 3．発音を聞いて，声調符号を付けましょう。

① niunai ⑤ yincha

② chaofan ⑥ xinnian

③ jingju ⑦ jiaozi

④ xiongmao ⑧ ernü

4．声調の組み合わせを見て，発音してみましょう。

	第1声	第2声	第3声	第4声	軽声
第1声	fāyīn 发音	Zhōngguó 中国	Yīngyǔ 英语	shāngdiàn 商店	zhuōzi 桌子
第2声	fángjiān 房间	hóngchá 红茶	píngguǒ 苹果	juédìng 决定	péngyou 朋友
第3声	lǎoshī 老师	bǎochí 保持	shuǐguǒ 水果	nǔlì 努力	yǐzi 椅子
第4声	dàjiā 大家	wèntí 问题	Rìběn 日本	diànhuà 电话	xièxie 谢谢

第 1 課　你叫什么名字?

1．中国語の正しいピンイン表記を，それぞれ A～D の中から 1 つ選んでください。

① （　　） 下午　A shàwǔ　　　B sàwǔ　　　C xiǎwú　　　D xiàwǔ
② （　　） 大家　A dàjiā　　　B tàjiā　　　C dàqiā　　　D dàijiā
③ （　　） 名字　A mínji　　　B míngzi　　　C mǐnzì　　　D mǐngzi
④ （　　） 老师　A liāoshì　　　B lāoxǐ　　　C lǎoshī　　　D lǎosī
⑤ （　　） 关照　A gānzhào　　　B kuānjiào　　　C guāngqiào　　　D guānzhào

2．文の空欄を埋めるのに最も適当なものを，それぞれ A～D の中から 1 つ選んでください。

① （　　）　我（　　　）张。
　　　　　　　A 叫　　　　B 是　　　　C 姓　　　　D 贵姓

② （　　）　他（　　　）铃木翼。
　　　　　　　A 名字　　　B 叫　　　　C 姓　　　　D 贵姓

③ （　　）　请问，你爸爸叫（　　　）?
　　　　　　　A 什么　　　B 名字　　　C 什么名字　　　D 贵姓

④ （　　）　她姓（　　　）?
　　　　　　　A 什么　　　B 名字　　　C 什么名字　　　D 贵姓

⑤ （　　）　我叫张思维，你（　　　）?
　　　　　　　A 吗　　　　B 呢　　　　C 请问　　　D 什么

⑥ （　　）　A：（　　　）好!
　　　　　　　B：早上好!
　　　　　　　A 晚上　　　B 下午　　　C 你　　　　D 请

3．次の文章を読み，①～④の下線部を埋めるのに最も適当なものを，それぞれ 4 つの選択肢の中から 1 つ選んでください。

　　老师好! 我①____张，叫张思维。他②____铃木翼。③____，老师您④____?

① （　　）　A 贵姓　　　B 姓　　　　C 叫　　　　D 名字
② （　　）　A 叫　　　　B 贵姓　　　C 姓　　　　D 名字
③ （　　）　A 你好　　　B 大家好　　　C 请问　　　D 早上好
④ （　　）　A 什么名字　B 什么　　　C 名字　　　D 贵姓

137

第 2 課　你是日本人吗?

1. 中国語の正しいピンイン表記を，それぞれ A～D の中から 1 つ選んでください。

　　① (　　) 牛奶　A nióunǎi　　B niúnǎi　　C nuínǎi　　D liúnǎ
　　② (　　) 铅笔　A qiāngbǐ　　B jiānbǐn　　C qiānbǐ　　D qiāngbí
　　③ (　　) 课本　A kàpěn　　B kàběng　　C gèbǒng　　D kèběn
　　④ (　　) 蛋糕　A dàngāo　　B dànkāo　　C dànggāo　　D tāngāo
　　⑤ (　　) 红茶　A hěngchá　　B hóngchá　　C hóngqiá　　D hóngshá

2. 文の空欄を埋めるのに最も適当なものを，それぞれ A～D の中から 1 つ選んでください。

　　① (　　)　A：请问，你是 (　　) 人?
　　　　　　　B：我是日本人。
　　　　　　　A 哪里　　　B 哪　　　　C 谁　　　　D 哪个

　　② (　　)　他爸爸 (　　) 中国人。
　　　　　　　A 都是　　　B 没是　　　C 不是　　　D 没有

　　③ (　　)　A：(　　) 钱?
　　　　　　　B：三十二块。
　　　　　　　A 什么　　　B 几　　　　C 多少　　　D 哪里

3. 次の日本語を中国語に訳してください。

　　① 私たちはみんな日本人です。

　　　_____

　　② あれもケーキです。

　　　_____

　　③ 彼女たちはみんなイタリア人というわけではありません。

　　　_____

　　④ 彼らはみんなアメリカ人ではありません。

　　　_____

　　⑤ これは鉛筆ではありません。

　　　_____

第 3 課　最近有点儿忙。

1．中国語の正しいピンイン表記を，それぞれ A～D の中から 1 つ選んでください。

① （　　） 暖和　　A nuǎnhou　　　B nuǎnhuò　　　C nuǎnhuo　　　D nānhé
② （　　） 教室　　A jiàosxì　　　B jiàoshì　　　C qiàoshì　　　D xiàosì
③ （　　） 作业　　A zuòyè　　　B zuóyiè　　　C zóuyuè　　　D zuóyèi
④ （　　） 水果　　A suíguǒ　　　B shuǐguǒ　　　C shuíguǒ　　　D shuígǒu
⑤ （　　） 同学　　A dóngxué　　　B tóngxié　　　C tóngxué　　　D téngxué

2．文の空欄を埋めるのに最も適当なものを，それぞれ A～D の中から 1 つ選んでください。

① （　　）　我的同学（　　　）她多。
　　　　　　　A 没比　　　　B 比　　　　　C 跟　　　　　D 不跟

② （　　）　最近，汉语课的作业（　　　）英语课多。
　　　　　　　A 没有　　　　B 没是　　　　C 没比　　　　D 没跟

③ （　　）　A：最近怎么样？
　　　　　　　B：最近有点儿（　　　）。
　　　　　　　A 还可以　　　B 可以　　　C 忙　　　　D 很

3．次の文章を読み，①～⑥の下線部を埋めるのに最も適当なものを，それぞれ 4 つの選択肢の中から 1 つ選んでください。

　　　我的朋友①＿＿＿铃木翼。他②＿＿＿中国人，是日本人。他最近③＿＿＿忙。他的课④＿＿＿我⑤＿＿＿，作业⑥＿＿＿我多。

① （　　）　A 姓　　　　B 叫　　　　C 贵姓　　　　D 不姓
② （　　）　A 没是　　　B 没有　　　C 不是　　　　D 也是
③ （　　）　A 还可以　　B 很　　　　C 太　　　　　D 不很
④ （　　）　A 没比　　　B 比　　　　C 跟　　　　　D 都
⑤ （　　）　A 忙　　　　B 多　　　　C 大　　　　　D 难
⑥ （　　）　A 也比　　　B 比也　　　C 跟　　　　　D 不跟

第 4 課　我有两台电脑。

1. 中国語の正しいピンイン表記を，それぞれ A〜D の中から 1 つ選んでください。

    ① （　　　） 苹果　　A bíngguǒ　　　B píngguǒ　　　C pínguǒ　　　D pínggòu
    ② （　　　） 邮票　　A yióupiào　　B yóupào　　　C yóupiào　　　D yóubào
    ③ （　　　） 毛衣　　A máyī　　　　B móyī　　　　C móuyī　　　　D máoyī
    ④ （　　　） 手机　　A sóuqī　　　B shǒujī　　　C xiùtī　　　　D shùjī
    ⑤ （　　　） 空调　　A kōngtiáo　　B gōngtiáo　　C kēngtiáo　　D kēngdiào

2. 文の空欄を埋めるのに最も適当なものを，それぞれ A〜D の中から 1 つ選んでください。

    ① （　　　）　　你（　　　）橡皮？
             A 没有没　　　B 有没有　　　C 没不没　　　D 不没不

    ② （　　　）　　最近，汉语课的作业（　　　）？
             A 不多不　　　B 多没多　　　C 多不多　　　D 没多没

    ③ （　　　）　　A：你有（　　　）把椅子？
             B：我有两把椅子。
             A 几　　　　　B 什么　　　　C 哪里　　　　D 谁

3. 次の文の間違いを直しましょう。

    ① 她有一把杂志。

    _____

    ② 你奶奶有不有手机？

    _____

    ③ 我爷爷不有电脑。

    _____

    ④ 她姐姐有没有电脑吗？

    _____。

    ⑤ 我弟弟有二条狗。

    _____。

第 5 課　我家在学校附近。

1. 中国語の正しいピンイン表記を，それぞれ A～D の中から 1 つ選んでください。

　　① （　　） 银行　A yínháng　　B yínhán　　C yíngkáng　　D yīnhàng
　　② （　　） 医院　A yīyàn　　B yīyuàn　　C yīyuáng　　D yíyàng
　　③ （　　） 冰箱　A pīngsāng　　B bīngqiāng　　C bīngxiāng　　D bīnjiáng
　　④ （　　） 书店　A sūdàn　　B xūtiàn　　C shūdáng　　D shūdiàn
　　⑤ （　　） 食堂　A shítáng　　B xītáng　　C shīdàng　　D shìdàn

2. 次の文の間違いを直しましょう。

　　① 冰箱有面包和牛奶。

　　＿＿＿＿＿＿＿＿＿＿＿＿＿＿＿＿＿＿＿＿＿＿＿＿＿＿＿＿

　　② 床上在两本书。

　　＿＿＿＿＿＿＿＿＿＿＿＿＿＿＿＿＿＿＿＿＿＿＿＿＿＿＿＿

　　③ 爷爷有医院里。

　　＿＿＿＿＿＿＿＿＿＿＿＿＿＿＿＿＿＿＿＿＿＿＿＿＿＿＿＿

　　④ 她没有没西装?

　　＿＿＿＿＿＿＿＿＿＿＿＿＿＿＿＿＿＿＿＿＿＿＿＿＿＿＿＿

　　⑤ 我有词典一本。

　　＿＿＿＿＿＿＿＿＿＿＿＿＿＿＿＿＿＿＿＿＿＿＿＿＿＿＿＿

　　⑥ 你的学校不大不?

　　＿＿＿＿＿＿＿＿＿＿＿＿＿＿＿＿＿＿＿＿＿＿＿＿＿＿＿＿

　　⑦ 日本的冬天暖和有点儿。

　　＿＿＿＿＿＿＿＿＿＿＿＿＿＿＿＿＿＿＿＿＿＿＿＿＿＿＿＿

　　⑧ 我的电脑比他有点儿新。

　　＿＿＿＿＿＿＿＿＿＿＿＿＿＿＿＿＿＿＿＿＿＿＿＿＿＿＿＿

　　⑨ 便利店在不在你们的学校附近吗?

　　＿＿＿＿＿＿＿＿＿＿＿＿＿＿＿＿＿＿＿＿＿＿＿＿＿＿＿＿

第 6 課　我想上网查资料。

1．中国語の正しいピンイン表記を，それぞれ A〜D の中から 1 つ選んでください。

① （　　） 睡觉　A shuì jiào　　B suì jiào　　C xiū jiào　　D shù qiào

② （　　） 周末　A zōumó　　B zhōumò　　C zuōmò　　D zhuōmò

③ （　　） 衣服　A yīhu　　B yīfǔ　　C yìfǒu　　D yīfu

④ （　　） 商店　A shāndiàn　　B sāngdiàn　　C shāngdiàn　　D shāngtiàn

⑤ （　　） 电影　A tiànyǐng　　B diànyǐng　　C dièyǐn　　D tànyǐn

2．次の文の間違いを直しましょう。

① 我姐姐看电影去电影院。

_____

② 他哥哥想也上网查资料。

_____

③ 我想不去便利店买东西。

_____

3．次の文章を読み，①〜⑩の下線部を埋めるのに最も適当なものを，それぞれ
4 つの選択肢の中から 1 つ選んでください。

　　　铃木①＿＿＿日本人。他家②＿＿＿日本。他③＿＿＿两个哥哥。他的两④＿＿＿哥
哥⑤＿＿＿不在中国。小张周末⑥＿＿＿作业。她⑦＿＿＿去商店买衣服⑧＿＿＿鞋子。
铃木周末⑨＿＿＿想去买衣服。他想去图书馆⑩＿＿＿汉语。

① （　　）　　A 在　　　　B 叫　　　　C 是　　　　D 有

② （　　）　　A 没有　　　B 有　　　　C 在　　　　D 也有

③ （　　）　　A 和　　　　B 在　　　　C 有　　　　D 去

④ （　　）　　A 个　　　　B 口　　　　C 和　　　　D 条

⑤ （　　）　　A 都　　　　B 比　　　　C 跟　　　　D 在

⑥ （　　）　　A 不　　　　B 没有　　　C 有没有　　D 不有

⑦ （　　）　　A 用　　　　B 比　　　　C 跟　　　　D 想

⑧ （　　）　　A 和　　　　B 都　　　　C 跟　　　　D 也

⑨ （　　）　　A 没　　　　B 不　　　　C 没有　　　D 不跟

⑩ （　　）　　A 复习　　　B 睡觉　　　C 回家　　　D 上网

第 7 課　我每天七点起床。

1. 中国語の正しいピンイン表記を，それぞれ A～D の中から 1 つ選んでください。

　　① （　　） 上课　A shànkè　　　B xiàngkè　　　C sànggè　　　D shàngkè
　　② （　　） 每天　A měitiān　　　B miětiān　　　C měidiān　　　D měiqiāng
　　③ （　　） 开车　A gāichē　　　B kāichē　　　C kāishē　　　D kàichè
　　④ （　　） 出门　A qūmén　　　B cūnméng　　　C chūmén　　　D cūmóng
　　⑤ （　　） 起床　A jǐchuáng　　　B qǐchuán　　　C xǐcháng　　　D qǐchuáng

2. 文の空欄を埋めるのに最も適当なものを，それぞれ A～D の中から 1 つ選んでください。

　　① （　　）　你（　　）点起床去上课？
　　　　　　　　A 几　　　　　B 多少　　　　C 什么　　　　D 哪里

　　② （　　）　我妈妈（　　）家做晚饭。
　　　　　　　　A 去　　　　　B 在　　　　　C 到　　　　　D 离

　　③ （　　）　A：你想干什么？
　　　　　　　　B：我想（　　）电影院看电影。
　　　　　　　　A 写　　　　　B 买　　　　　C 去　　　　　D 洗

3. 次の日本語を中国語に訳してください。

　　① あなたは毎日何時に学校に行きますか。

　　　_____

　　② 私は毎日朝 10 時 15 分に中国語の授業を受講しに行きます。

　　　_____

　　③ あなたの家は駅まで遠いですか。

　　　_____

　　④ （私の）弟の大学から駅まで 30 分かかります。

　　　_____

　　⑤ あなたは毎日どこで朝食を食べますか。

　　　_____

第 8 課　我正在看电影。

1．中国語で声調の組み合わせが他と異なるものを，それぞれ A〜D の中から１つ選んでください。

① （　　） 　　A 老师　　B 医院　　C 商店　　D 关照
② （　　） 　　A 分钟　　B 咖啡　　C 单词　　D 冬天
③ （　　） 　　A 资料　　B 周末　　C 铅笔　　D 需要
④ （　　） 　　A 汉语　　B 课本　　C 电脑　　D 教室
⑤ （　　） 　　A 早上　　B 鞋子　　C 名字　　D 便宜

2．中国語の正しいピンイン表記を，それぞれ A〜D の中から１つ選んでください。

① （　　） 电视 A diàngxì　　B diànshì　　C diǎnshì　　D dāisì
② （　　） 音乐 A yīnyüè　　B yīngyèi　　C yīnyuè　　D yǐngyuè
③ （　　） 打扫 A dásǎo　　B dǎsào　　C dáxiào　　D dǎsǎo
④ （　　） 衬衫 A chènshān　　B cènshāng　　C chēngshán　　D zhēngshǎn
⑤ （　　） 复习 A fǔqí　　B fúsǐ　　C hùshì　　D fùxí

3．文の空欄を埋めるのに最も適当なものを，それぞれ A〜D の中から１つ選んでください。

① （　　） 你想买（　　）的鞋子？
　　　　　　A 什么　　　B 什么样　　C 怎么　　　D 怎么样

② （　　） 我姐姐（　　）洗衣服。
　　　　　　A 呢　　　　B 在　　　　C 到　　　　D 给

③ （　　） A：你在干什么呢？
　　　　　　B：我在（　　）音乐。
　　　　　　A 写　　　　B 问　　　　C 听　　　　D 背

④ （　　） 我没在（　　）资料。
　　　　　　A 上　　　　B 查　　　　C 买　　　　D 洗

⑤ （　　） 你在（　　）菜吗？
　　　　　　A 只　　　　B 点　　　　C 有　　　　D 需要

第9課　你会唱中文歌吗?

1．中国語で声調の組み合わせが他と異なるものを，それぞれ A～D の中から 1
つ選んでください。

① （　　） 　　A 看病　　　 B 饭店　　　 C 现在　　　 D 跳舞
② （　　） 　　A 复习　　　 B 回答　　　 C 银行　　　 D 食堂
③ （　　） 　　A 冰箱　　　 B 学校　　　 C 节目　　　 D 房间
④ （　　） 　　A 日语　　　 B 电影　　　 C 地铁　　　 D 公园
⑤ （　　） 　　A 蛋糕　　　 B 超市　　　 C 翻译　　　 D 拍照

2．中国語の正しいピンイン表記を，それぞれ A～D の中から 1 つ選んでください。

① （　　） 跳舞　 A tiàowǔ　　 B qiàowǔ　　 C jiàoyú　　 D diàoyú
② （　　） 拍照　 A piāzhào　 B pāizhào　 C bāichào　 D pāiqiào
③ （　　） 钢琴　 A gānqín　　 B gāntíng　 C gāngqín　 D gānxǐn
④ （　　） 节目　 A qiémù　　 B jéimù　　 C xiénù　　 D jiémù
⑤ （　　） 游泳　 A yóuyǒng　 B lóuyǒng　 C yuóyǒng　 D yuóyóng

3．日本語の意味になるように，それぞれ A～D を並べ替えた時，[　　] 内に入
れるものはどれか，その番号を書いてください。

① 私は地下鉄で映画館に行きます。

　　 我 ＿＿＿ ＿＿＿ ［＿＿＿＿］ ＿＿＿ 。

　　 A 地铁　　　 B 去　　　 C 电影院　　　 D 坐

② あなたは中国語の歌を歌うことができますか。

　　 你 ＿＿＿ ［＿＿＿＿］ ＿＿＿ ＿＿＿ ？

　　 A 吗　　　 B 会　　　 C 中文歌　　　 D 唱

③ 私は紅茶をちょっと飲みたいです。

　　 我 ＿＿＿ ＿＿＿ ［＿＿＿＿］ ＿＿＿ 。

　　 A 一点儿　　 B 想　　　 C 喝　　　 D 红茶

④ 私は資料を調べてみに行きたいです。

　　 我 ＿＿＿ ＿＿＿ ［＿＿＿＿］ ＿＿＿ 。

　　 A 去　　　 B 资料　　　 C 想　　　 D 查查

⑤ あなたはここで写真を撮ってはいけません。

　　 你 ＿＿＿ ［＿＿＿＿］ ＿＿＿ ＿＿＿ 。

　　 A 拍照　　　 B 这里　　　 C 在　　　 D 不可以

第 10 課　我在图书馆做了两个小时作业。

1．中国語で声調の組み合わせが他と異なるものを，それぞれ A～D の中から 1 つ選んでください。

① (　　)　　A 打折　　B 问题　　C 起床　　D 小时
② (　　)　　A 出门　　B 钢琴　　C 面包　　D 新闻
③ (　　)　　A 邮局　　B 学习　　C 刚才　　D 回答
④ (　　)　　A 节目　　B 学校　　C 然后　　D 课文
⑤ (　　)　　A 小说　　B 爬山　　C 回家　　D 时间

2．中国語の正しいピンイン表記を，それぞれ A～D の中から 1 つ選んでください。

① (　　) 打工　A tǎgōng　　B dǎgōng　　C dāgéng　　D dàgóng
② (　　) 时间　A shíjiān　　B xíjiān　　C shíjiāng　　D síqiān
③ (　　) 课文　A kuòwén　　B kébén　　C gèwéng　　D kèwén
④ (　　) 刚才　A gānchái　　B gāngzái　　C gāngcái　　D géngcāi
⑤ (　　) 报纸　A biàozhǐ　　B bàozhǐ　　C bàorǐ　　D pàochǐ

3．次の文を中国語に訳しましょう。

① 私は毎日部屋を 1 時間片付けます。

_____

② 母は夕飯を 3 時間作りました。
（母は夕飯を作るのに 3 時間かかったという意味を表す）

_____

4．次の文章を読み，①～⑤の下線部を埋めるのに最も適当なものを，それぞれ 4 つの選択肢の中から 1 つ選んでください。

　　铃木每天①＿＿＿去图书馆。②＿＿＿看半个小时报纸，然后做作业。那天，小张买了两③＿＿＿奶茶，她打算和铃木一起喝。铃木在图书馆学习。所以小张④＿＿铃木半个小时。铃木说在日本珍珠奶茶很流行，日本的味道⑤＿＿＿中国的味道有点儿不一样。

① (　　)　　A 在　　B 都　　C 也　　D 有
② (　　)　　A 所以　　B 因为　　C 然后　　D 先
③ (　　)　　A 杯　　B 本　　C 个　　D 条
④ (　　)　　A 了等　　B 等　　C 等了等　　D 等了
⑤ (　　)　　A 没有　　B 从　　C 不　　D 跟

第 11 課　昨天你怎么没来学校?

1．中国語で声調の組み合わせが他と異なるものを，それぞれ A～D の中から 1つ選んでください。

① (	)	A 跳舞	B 报纸	C 附近	D 地铁
② (	)	A 刚才	B 新闻	C 家务	D 空调
③ (	)	A 早饭	B 逛街	C 考试	D 跑步
④ (	)	A 医生	B 足球	C 参加	D 沙发
⑤ (	)	A 起床	B 小时	C 打工	D 网球

2．中国語の正しいピンイン表記を，それぞれ A～D の中から 1つ選んでください。

① (	) 昨天	A zóutiān	B zuótiān	C zhóutiān	D zóudiǎn
② (	) 严重	A yāngzhòng	B yānchòng	C yánzhòng	D xiānzhěng
③ (	) 参加	A zānjiā	B cānqià	C kānqxà	D cānjiā
④ (	) 医生	A yīnshēng	B yīshēng	C yīshàn	D yíshēn
⑤ (	) 足球	A zúqiú	B zhúqiú	C zúxiú	D cóujiú

3．文の空欄を埋めるのに最も適当なものを，それぞれ A～D の中から 1つ選んでください。

① (　　) 你明天（　　）去学校?

    A 什么　　　B 什么样　　C 怎么　　　D 怎么样

② (　　) 我先在图书馆看（　　）报纸，然后去教室上课。

    A 过　　　　B 一会儿　　C 在　　　　D 给

③ (　　) 老师（　　）我说明天有考试。

    A 给　　　　B 在　　　　C 跟　　　　D 从

④ (　　) 你弟弟周末去（　　）足球吗?

    A 打　　　　B 踢　　　　C 查　　　　D 就

⑤ (　　) A: 你昨天去跑步了吗?

    B: 我（　　）去跑步。

    A 不　　　　B 没　　　　C 了　　　　D 去没去

第 12 課　我发过一次短信。

1．中国語で声調の組み合わせが他と異なるものを，それぞれ A～D の中から 1 つ選んでください。

① （　　）　　A 家务　　　B 翻译　　　C 需要　　　D 非常
② （　　）　　A 报纸　　　B 一起　　　C 练习　　　D 跳舞
③ （　　）　　A 开车　　　B 昨天　　　C 医生　　　D 参观
④ （　　）　　A 味道　　　B 晚饭　　　C 请客　　　D 感冒
⑤ （　　）　　A 严重　　　B 厘米　　　C 一样　　　D 邮件

2．中国語の正しいピンイン表記を，それぞれ A～D の中から 1 つ選んでください。

① （　　）熊猫　A xióngmiāo　B sóngmāo　C shóngbāo　D xióngmāo
② （　　）流行　A lióutín　　B lóuxíng　　C liúxíng　　D liúqíng
③ （　　）飞机　A fēijī　　　B fěijī　　　C fēiqí　　　D hēixī
④ （　　）夏天　A xiàtiān　　B xiàntiān　　C sàitān　　D shàdiān
⑤ （　　）短信　A tuǎnxīn　　B duǎnqīn　　C duǎnxìn　　D tǎnxìng

3．次の文の間違いを直しましょう。

① 爷爷不去过日本。

_____

② 你刚才去不去超市？

_____

③ 铃木在日本吃过小笼包一次。

_____

4．日本語の意味になるように，それぞれ A～D を並べ替えた時，[　　] 内に入れるものはどれか，その番号を書いてください。

① 私は日本でパンダを見たことがあります。

我 ___　___　[　　]　___ 。

A 熊猫　　　B 在　　　C 见过　　　D 日本

② 姉のパソコンは私のより 1000 元ほど（値段が）高いです。

姐姐的电脑 [　　]　___　___　___ 。

A 我　　　B 一千块　　　C 贵　　　D 比

第 13 課　微信是什么?

1. 本文の内容に基づいて，次の質問に答えましょう。
　① 铃木是第几次来中国?

　　_____

　② 张思维是日语系几年级的学生?

　　_____

　③ 铃木有微信吗?

　　_____

2. 次のピンインを簡体字に直し，さらに訳しましょう。
　① Nǐhǎo! Wǒ xìng Zhāng.

　　_____

　　_____

　② Huānyíng nǐ lái Shànghǎi.

　　_____

　　_____

　③ Hěn gāoxìng rènshi nǐ.

　　_____

　　_____

3. 例にならい，次の語を＿＿に置き換え，さらに訳しましょう。

　我 教 铃木 中文歌。
　① 铃木 小张 日本民谣　　　　　　　　　　　　民谣 mínyáo〔民謡〕

　　_____

　② 李老师 铃木 汉语发音

　　_____

　③ 他 小学生 英语　　　　　　　　　　　　　小学生 xiǎoxuéshēng〔小学生〕

　　_____

　④ 老师 我们 画画儿

　　_____

149

第 14 課　这是谁的快递？

1．本文の内容に基づいて，次の質問に答えましょう。
　　① 铃木最近怎么样？

　　　_____

　　② 快递是谁的？

　　　_____

　　③ 铃木想试试快递吗？

　　　_____

2．次のピンインを簡体字に直し，さらに訳しましょう。
　　① Kuàidì　yòu　kuài　yòu　piányi.

　　　_____

　　　_____

　　② Xiǎozhāng　píngshí xǐhuan　wǎnggòu.

　　　_____

　　　_____

　　③ Língmù　hěn　gāoxìng　zài　xuéxiào　jiàndào　Xiǎozhāng.

　　　_____

　　　_____

3．例にならい，次の語を____に置き換えましょう。
　　<u>我</u> 喜欢 <u>喝 咖啡</u>。
　　① 他 唱 日文歌
　　　　　　　　　　　　　　　　　　　　　日文 Rìwén〔日本語〕

　　　_____

　　② 铃木 吃 小笼包

　　　_____

　　③ 他们 踢 足球

　　　_____

　　④ 她 买 东西

　　　_____

150

第 15 課　淘宝的网站上有这条围巾。

1．本文の内容に基づいて，次の質問に答えましょう。
　　① 学校附近有商店吗?

　　_____

　　② 这条围巾的专卖店在哪里?

　　_____

　　③ 这条围巾包邮多少钱?

　　_____

2．次のピンインを簡体字に直し，さらに訳しましょう。
　　① Gōngyuán　qiánmian　yǒu　chāoshì　ma?

　　_____

　　_____

　　② Nǐ　yě　shìshi　ba.

　　_____

　　_____

　　③ Yínháng　bú　zài　yóujú　de　pángbian.

　　_____

　　_____

3．次の日本語にあうように下線部を埋めましょう。
　　① A: 医院＿＿＿哪儿?　　　　　　（病院はどこにありますか。）

　　　 B: ＿＿＿＿车站的＿＿＿＿＿。　（駅の裏にあります。）

　　② A: 学校附近＿＿＿便利店＿＿＿?（学校の近くにコンビニはありますか。）

　　　 B: ＿＿＿＿＿＿＿＿＿。　　　　（ありません。）

　　③ A: 这件 T 恤衫＿＿＿＿＿＿＿。　（この T シャツはいくらですか。）

　　　 B: ＿＿＿＿＿＿＿＿＿＿＿＿＿。　（送料込みで 88.8 元です。）

第 16 課 你能手机支付吗?

1. 本文の内容に基づいて，次の質問に答えましょう。

① 铃木会不会用手机付款?

_____

② 现在的年轻人喜欢选择商店还是网购?

_____

③ 为什么以前大家买衣服都会选择商店?

_____

2. 例にならい，次の語を_____に置き換えましょう。

① 你 会 说 汉语 吗? — 会说。

A 游泳 _____

B 唱歌 _____

C 打乒乓球 _____

唱歌 chànggē〔歌を歌う〕　打乒乓球 dǎ pīngpāng qiú〔卓球をする〕

② 我 能 游 一百米。

A 她 说流利的普通话。_____

B 他 翻译中文小说。_____

C 铃木 来我家。_____

③ 这儿 不可以 扔 垃圾。

A 房间里 抽烟。_____

B 上课 玩手机。_____

C 图书馆 吃东西。_____

3. 「会」,「能」,「可以」,「是~的」,「不但~而且」を使って下線部を埋めましょう。

① 这个_____打折吗?

② 现在我_____走吗?
走 zǒu〔行く，帰る〕

③ 她_____唱英文歌。
英文 Yīngwén〔英語〕

④ 她_____会说汉语，_____会说英语。

⑤ 这件 T 恤衫_____在淘宝上买_____。

⑥ 铃木_____写漂亮的汉字。
漂亮 piàoliang〔きれいな〕

第 17 課　这儿的 Wi-Fi 信号不好。

1．日本語の意味にあうように　□□□□　内の語句を並べ替えましょう。
　　① 月曜日に私はバスで学校に行きます。

　　　　　　　　| 星期一　坐　学校　我　巴士　去 |

　　　_____

　　② あなたは中国語を話すことができますか。

　　　　　　　　| 不　汉语　会　你　说　会 |

　　　_____

　　③ 私の家から地下鉄の駅まで歩いて約 10 分です。

　　　| 我家　地铁站　到　步行　十　大约　分钟　从　左右 |

　　　_____

2．例にならい，次の語を_____に置き換えましょう。
　　① 学校 离 地铁站 远不远？ — 不远，很近。
　　A　邮局 公园　_____
　　B　医院 车站　_____
　　C　你家 便利店　_____

　　② 铃木 在 上 课。
　　A　我们　吃午饭　_____
　　B　她们　休息　_____
　　C　小陈　买东西　_____

3．次の日本語を中国語に訳しましょう。
　　① 30 人ほどの学生がこの教室で中国語の授業を受けています。

　　　_____

　　② 明日また書店に行きますか。

　　　_____

　　③ 明日あなたは何をするつもりですか。

　　　_____

第18課　怎么用手机点菜?

1．日本語の意味にあうように □□□ 内の語句を並べ替えましょう。

① 私は携帯電話で注文することができません。

| 我 | 用 | 点 | 会 | 手机 | 菜 | 不 |

_____

② あなたはオレンジジュースを飲みたいですか，それともビールを飲みたいですか。

| 你 | 想 | 橙汁 | 喝 | 啤酒 | 想 | 还是 | 喝 |

_____

③ 私は上海蟹を食べます。あなたは？

| 我 | 呢 | 上海大闸蟹 | 你 | 吃 |

_____

2．例にならい，次の語を_____に置き換えましょう。

① 我 想 喝 椰奶。

A　他　　去中国　　　_____

B　她　　吃日本料理　_____

C　铃木　点冰镇啤酒　_____

② 你 喝 橙汁 还是 喝 啤酒？ － 我 喝 啤酒。

A　去美国　去欧洲　　_____

B　吃上海菜　吃四川菜　_____

C　今天来我家　明天来我家　_____

3．最も適当な語を選び下線部を埋め，日本語に訳しましょう。

　　杯　本　个　件　头

① 我想买一 _____ 书。　　訳_____

② 桌子上有两 _____ 苹果。訳_____

③ 公园有三 _____ 大象。　訳_____

④ 四 _____ T恤衫160块。　訳_____

⑤ 我们点五 _____ 啤酒。　訳_____

第 19 課　高铁票，订了吗?

1. 日本語の意味にあうように □□□□ 内の語句を並べ替えましょう。
① 昨日私は地下鉄に乗りませんでした。

| 没有　地铁　我　坐　昨天 |

_____

② 新幹線から富士山が見えるそうです。

| 能　富士山　新干线　听说　上　看　到　从 |

_____

③ 鈴木さんは論文を書き終えました。

| 铃木　写完　论文　了 |

_____

论文 lùnwén〔論文〕

2. 次の問いに中国語で答えましょう。
① 昨天的汉语课，你听懂了吗?　_____

② 星期天你打乒乓球了吗?　　_____

③ 明年你打算去哪里留学?　　_____

3. 例にならい，次の語を使って_____に置き換えましょう。
① 国庆节，你干什么了?　— 我 去 苏州 看了 很多 园林建筑。
A　昨天　买　一条裙子

_____

B　上星期天　听　一场音乐会

_____

C　中秋节　吃　很多月饼

_____

裙子 qúnzi〔スカート〕　　月饼 yuèbǐng〔中秋節に食べる丸い焼き菓子〕

② 听说，北京 有 很多 名胜古迹。
A　那所大学　留学生

_____

B　上海　　美食街

_____

C　日本　　温泉

_____

所 suǒ〔機関・施設などを数える量詞〕　美食街 měishí jiē〔グルメの町〕　温泉 wēnquán〔温泉〕

第20課　你哪里不舒服?

1．本文の内容に基づいて，次の質問に答えましょう。
　　① 铃木哪里不舒服?

　　_____

　　② 铃木去医院了吗?

　　_____

　　③ 铃木的感冒严重吗?

　　_____

2．例にならい，次の語を使って_____に置き換えましょう。
　　① 他 有点儿 不 舒服，感冒 了。
　　A　小陈 肚子疼 去医院了　　_____

　　B　我　累了　想休息休息　　_____

　　C　今天　热　想喝冰镇橙汁　_____

　　② 今天 比 昨天 热 一点儿。
　　A　这个 那个 贵　_____

　　B　我 他 大　_____

　　C　这件衬衫 那件 小　_____

　　　　　　　　　　　　　　　　　　　　　　大 dà〔年上である〕

3．次の日本語を中国語に訳しましょう。
　　① 鈴木さんは中国語の歌を歌えるようになりました。

　　_____

　　② 今中国ではゴールデンウイークはなくなりました。

　　_____

　　③ 中国語は英語より少し難しい。

　　_____

　　④ 私は日本語を少し勉強したことがあります。でも，日本語のニュースは
　　　聞き取れません。

　　_____

第 21 課　你吃过几次小笼包?

1．本文の内容に基づいて，次の質問に答えましょう。
　　① 铃木今天吃早饭了吗?

　　　　_____

　　② 小张和铃木叫了外卖,多长时间能送到?

　　　　_____

　　③ 铃木觉得日本的珍珠奶茶好喝还是中国的好喝?

　　　　_____

2．例にならい，次の語を使って_____に置き換えましょう。
　　① 你 喝过 珍珠 奶茶 吗? — 喝过。／没 喝过。
　　A　去过　上海迪士尼乐园 _____

　　B　叫过　外卖　　　　　 _____

　　C　看过　中国电影　　　 _____

　　② 上海 的 小笼包 怎么样? — 好吃 极了。
　　A　那条裙子　　好看　　_____
　　B　这本小说　　有意思　_____
　　C　外滩的夜景　美　　　_____

　　　　　　　　外滩 Wàitān〔バンド〕　夜景 yèjǐng〔夜景〕　美 měi〔美しい〕

3．次の文の間違いを直しましょう。
　　① 铃木五次吃过小笼包。

　　　　_____

　　② 我昨天晚上九点才睡觉了。

　　　　_____

　　③ 汉语不比英语简单多了。

　　　　_____

　　　　　　　　　　　　　　　　简单 jiǎndān〔簡単である〕

157

第22課　你手上拿着什么?

1. **本文の内容に基づいて，次の質問に答えましょう。**
   ① 铃木坐了多长时间地铁去书店买书?

   _____

   ② 小张帮铃木买书了吗？？

   _____

   ③ 网上买书方便吗?

   _____

2. **例にならい，次の語を使って＿＿＿に置き換えましょう。**
   ① 你 在 王 什么呢? — 我 正 在 上网买书 呢。
   A　看　看英文书

   _____

   B　听　听中国歌

   _____

   C　做　做汉语作业

   _____

   ② 要是 明天 我 有 空，就 教 你 唱 中文歌。
   A　星期天不下雨　去南京东路步行街散步

   _____

   B　能用手机点菜　好了

   _____

   C　没有课　去看电影

   _____

   南京东路 Nánjīngdōnglù〔〈地名〉南京東路〕　步行街 bùxíng jiē〔步行者天国〕　散步 sàn bù〔散歩する〕

3. **以下の言葉を使って次の文を完成しましょう。**

～着　　一～就…　　要是～就…　　极了

   ① 我明天＿＿下课，＿＿去图书馆。

   ② 说明书上写＿＿使用方法呢。说明书 shuōmíng shū〔説明書〕　使用 shǐyòng〔使用する〕　方法 fāngfǎ〔方法〕

   ③ 宫崎骏的动漫好看＿＿＿＿。　　宫崎骏 Gōngqí Jùn〔〈人名〉宫崎駿〕　动漫 dòngmàn〔アニメとマンガ〕

   ④ 中秋节我想吃月饼，＿＿＿＿网上能买到＿＿＿好了。

第 23 課　我应该把车停在哪里?

1. 本文の内容に基づいて，次の質問に答えましょう。
　① 铃木和滴滴司机用什么语言交流?

　　_____

　② 出租车能开进学校吗?

　　_____

　③ 铃木用现金支付还是用微信支付?

　　_____

　　　　　　　　　　　　　　　　　　　　現金 xiànjīn〔現金〕

2. 例にならい，次の文を"把"構文に書き直しましょう。
　司机开车进了学校。—司机把车开进了学校。

　① 我写完了作业。　　　_____

　② 他看完了那本小说。　_____

　③ 小张在网上订好了酒店。_____

3. 以下の言葉を使って，空白を埋めましょう。

　　　　　　| 应该　听得懂　吃不了　穿不了　回去 |

　① 上课时间到了，我们_____进教室了。

　② 妈妈做了很多菜，我_____。

　③ 铃木在中国留学，_____汉语。

　④ 这件衣服太小了，我_____。

　⑤ 小张不在学校，她_____了。

4. 次の文の間違いを直しましょう。
　① 我把蛋糕没吃完。

　　_____

　② 学生没进教室来了。

　　_____

　③ 你应该不问老师。

　　_____

159

第 24 課　手机被我摔坏了。

1. 本文の内容に基づいて，次の質問に答えましょう。

　　① 李老师叫铃木干什么？

　　　　_____

　　② 铃木的手机修得好吗？

　　　　_____

　　③ 铃木离得开手机吗？

　　　　_____

2. 与えられた言葉を使って，受動文を作りましょう。

　　手机　我　摔坏 ── 我的手机被我摔坏了。

　　① 名字　他　　写错_____

　　② 漫画　同学　拿走_____

　　③ 电脑　弟弟　弄坏_____

　　　　　　　错 cuò〔間違っている〕　漫画 mànhuà〔マンガ〕　弄 nòng〔やる；する〕　坏 huài〔壊す〕

3. 次の日本語の意味にあうように， |⎯⎯⎯| 内の言葉を使って，空白を埋めましょう。

　　　　　　　　| 让　叫　不让　得　听懂　去不了 |

　　① 我妈妈_____我玩手机。

　　　（母は私に携帯電話で遊ばせない。）

　　② 老师_____学生背单词。

　　　（先生は学生に単語を暗唱させます。）

　　③ 铃木唱中文歌唱_____好听极了。

　　　（鈴木さんは中国語の歌を歌うのがすごく上手です。）

　　④ 请_____我介绍一下。

　　　（私にちょっと紹介させてください。）

　　⑤ 我_____了今天的汉语课。

　　　（私は今日の中国語の授業を聞いて分かりました。）

　　⑥ 我有点儿感冒，明天_____了。

　　　（私はちょっと風邪を引いたので，明日行かれなくなった。）

第 25 课　总复习

1．中国語で声調の組み合わせが他と異なるものを，それぞれ A～D の中から 1
つ選んでください。

    ① (　　)　　　A 马上　　　B 见面　　　C 体验　　　D 准备
    ② (　　)　　　A 已经　　　B 好吃　　　C 交流　　　D 小心
    ③ (　　)　　　A 头疼　　　B 旅游　　　C 有名　　　D 检查
    ④ (　　)　　　A 欢迎　　　B 先进　　　C 操作　　　D 方便
    ⑤ (　　)　　　A 文化　　　B 谚语　　　C 习惯　　　D 情况

2．中国語の正しいピンイン表記を，それぞれ A～D の中から 1 つ選んでください。

    ① (　　) 宾馆　A bīngguǎn　　B bīnguǎn　　C bīnkǎn　　D bīngǎn
    ② (　　) 信号　A xīnghào　　B xīnhǎo　　C xìnhào　　D xìnhóu
    ③ (　　) 建议　A jiànyì　　B qiānyī　　C jiànyī　　D jiāyí
    ④ (　　) 高兴　A gàoxìn　　B gǎoxíng　　C kāoqìn　　D gāoxìng
    ⑤ (　　) 流利　A yóulí　　B liúlì　　C nuìlí　　D lóulí

3．本文の内容に基づいて，次の質問に答えましょう。

  ① 铃木的汉语是谁教的？

    _____

  ② 铃木说上海是一座什么城市？

    _____

  ③ 李老师把大家叫来干什么？

    _____

  ④ 谁带铃木去吃了很多好吃的上海菜？

    _____

  ⑤ 中国人春节不论吃饺子还是吃汤圆都有什么意思？

    _____

  ⑥ 铃木在上海新年过得怎么样？

    _____

  ⑦ 日本人也过农历春节吗？

    _____

4．例にならい，次の語を使って＿＿＿＿に置き換えましょう。

① <u>今天</u> 你 能 <u>修好</u> <u>手机</u> 吗?
A 现在　听懂　汉语

＿＿＿＿＿＿＿＿＿＿＿＿＿＿＿＿＿＿＿＿＿＿＿＿

B 暑假期间　看完　那部中文小说

＿＿＿＿＿＿＿＿＿＿＿＿＿＿＿＿＿＿＿＿＿＿＿＿

C 黄金周　买到　新干线票

＿＿＿＿＿＿＿＿＿＿＿＿＿＿＿＿＿＿＿＿＿＿＿＿

暑假 shǔjià〔夏休み〕　期间 qījiān〔期間〕　部 bù〔書籍・映画などを数える量詞〕

② <u>我</u> <u>最近</u> <u>忙</u> 得 <u>不得了</u>。
A 她做家务　快

＿＿＿＿＿＿＿＿＿＿＿＿＿＿＿＿＿＿＿＿＿＿＿＿

B 外滩的夜景　好看

＿＿＿＿＿＿＿＿＿＿＿＿＿＿＿＿＿＿＿＿＿＿＿＿

C 他的歌声　好听

＿＿＿＿＿＿＿＿＿＿＿＿＿＿＿＿＿＿＿＿＿＿＿＿

歌声 gēshēng〔歌声〕

③ <u>上海</u> 的 <u>小笼包</u> <u>好吃</u> 极了。
A 迪士尼乐园的过山车　惊险

＿＿＿＿＿＿＿＿＿＿＿＿＿＿＿＿＿＿＿＿＿＿＿＿

B 新年期间去参拜神社的人　多

＿＿＿＿＿＿＿＿＿＿＿＿＿＿＿＿＿＿＿＿＿＿＿＿

C 铃木的普通话发音　好

＿＿＿＿＿＿＿＿＿＿＿＿＿＿＿＿＿＿＿＿＿＿＿＿

参拜 cānbài〔参拝する〕　神社 shénshè〔神社〕　过山车 guòshānchē〔ジェットコースター〕　惊险 jīngxiǎn〔スリリングである〕

④ <u>司机</u> 把 <u>车</u> <u>开进</u> <u>学校</u> 来了。
A 老师　走　教室

＿＿＿＿＿＿＿＿＿＿＿＿＿＿＿＿＿＿＿＿＿＿＿＿

B 同学们　跑　操场

＿＿＿＿＿＿＿＿＿＿＿＿＿＿＿＿＿＿＿＿＿＿＿＿

C 小猫　躲　厨房

＿＿＿＿＿＿＿＿＿＿＿＿＿＿＿＿＿＿＿＿＿＿＿＿

操场 cāochǎng〔グラウンド〕　小猫 xiǎomāo〔子猫〕　躲 duǒduǒ〔身を隠す〕

5．可能補語，または様態補語を使って，次の文を完成しましょう。

① 这么多菜，我吃＿＿＿＿＿＿＿＿＿＿＿＿。

② 这么重的东西，我一个人拿＿＿＿＿＿＿＿＿＿＿＿＿。

③ 这部智能手机太贵了，我买＿＿＿＿＿＿＿＿＿＿＿＿。

④ 明天的课你来＿＿＿＿＿＿＿＿＿＿？

⑤ 她唱英文歌唱＿＿＿＿＿＿＿＿＿＿。

⑥ 我妈妈包饺子包＿＿＿＿＿＿＿＿＿＿。

⑦ 汉语的发音太难了，铃木觉得他还说＿＿＿＿＿＿＿＿＿＿＿。

⑧ 他高兴极了，这次 HSK 考试考＿＿＿＿＿＿＿＿＿＿。

⑨ 最近我很忙，旅游去＿＿＿＿＿＿＿＿＿了。

⑩ 铃木在上海，春节回＿＿＿＿＿＿＿＿＿＿。

6．次の文の間違いを直しましょう。

① 我喝酒了，不会开车。

＿＿＿＿＿＿＿＿＿＿＿＿＿＿＿＿＿＿＿＿

② 她会说漂亮的普通话。

＿＿＿＿＿＿＿＿＿＿＿＿＿＿＿＿＿＿＿＿

③ 他能不能说汉语？

＿＿＿＿＿＿＿＿＿＿＿＿＿＿＿＿＿＿＿＿

④ 这篇文章你会翻译吗？

＿＿＿＿＿＿＿＿＿＿＿＿＿＿＿＿＿＿＿＿

⑤ 这里可以不扔垃圾。

＿＿＿＿＿＿＿＿＿＿＿＿＿＿＿＿＿＿＿＿

⑥ 买两件会不会打折？

＿＿＿＿＿＿＿＿＿＿＿＿＿＿＿＿＿＿＿＿

⑦ 我不在大学学习日语的。

＿＿＿＿＿＿＿＿＿＿＿＿＿＿＿＿＿＿＿＿

⑧ 我没喝了两杯椰奶。

＿＿＿＿＿＿＿＿＿＿＿＿＿＿＿＿＿＿＿＿

⑨ 今晚在家里不吃饭。

_____

⑩ 车站从学校远不远。

_____

7．日本語の意味になるように，それぞれ A～D を並べ替えた時，[　　] 内に入れるものはどれか，その番号を書いてください。

① 姉はミルクを冷蔵庫に入れました。

　　姉姉 ____ ____ [____] ____ 。

　　A 牛奶　　　　B 把　　　　　C 冰箱里了　D 放进

② 鈴木さんは中国語を話すのがとても流暢です。

　　铃木 ____ [____] ____ ____ 。

　　A 说得　　　　B 很　　　　　C 汉语　　　D 流利

③ あなたはここで泳いではいけません。

　　你 ____ ____ [____] ____ 。

　　A 在　　　　　B 这里　　　　C 游泳　　　D 不可以

④ 母は弟にコーヒーを買いに行かせました。

　　妈妈 ____ ____ [____] ____ 。

　　A 弟弟　　　　B 去　　　　　C 叫　　　　D 买咖啡了

⑤ このパソコンは日本で買ったものです。

　　这台电脑 [____] ____ ____ ____ 。

　　A 在日本　　　B 是　　　　　C 的　　　　D 买

⑥ ちょっと手伝ってもらいたいです。

　　我想请你 ____ ____ [____] ____ 。

　　A 我　　　　　B 忙　　　　　C 帮　　　　D 一下

⑦ あなたは宿題を先にやるべきです。

　　你 ____ ____ [____] ____ 。

　　A 先　　　　　B 应该　　　　C 作业　　　D 写

⑧ 私はまたコンサートに行きたくなりました。

　　我 ____ [____] ____ ____ 。

　　A 音乐会　　　B 去　　　　　C 又想　　　D 了

単語索引

166

房间	fángjiān	部屋	5	附近	fùjìn	付近；近く	5
翻译	fānyì	翻訳する	9	付款	fù kuǎn	お金を支払う	16
发票	fāpiào	領収書	23	复习	fùxí	復習する	8

G

干	gàn	する；やる	6	给	gěi	（～に）あげる；与える	23
刚	gāng	～したばかりである	19	跟	gēn	～と	11
刚才	gāngcái	先ほど	10	更	gèng	いっそう；ますます	25
钢琴	gāngqín	ピアノ	9	各种各样	gèzhǒng gèyàng	さまざまである	15
干净	gānjìng	きれいだ；清潔だ	24	公园	gōngyuán	公園	5
感冒	gǎnmào	風邪を引く	11	狗	gǒu	犬	4
高	gāo	高い	3	关	guān	（電気を）消す	22
告诉	gàosù	告げる；教える	13	关门	guān mén	門を閉める；閉店する	21
高铁票	gāotiě piào	高速鉄道の切符	19	逛街	guàng jiē	街をぶらぶらする	11
高兴	gāoxìng	嬉しい	13	贵	guì	（値段が）高い	3
个	ge	ものや果物を数える量詞	4	过	guò	過ぎる；過ごす	21
给	gěi	～に	8	过	guo	～したことがある	12

H

还	hái	まだ	12	很	hěn	とても	3
还	hái	また；さらに；そのうえ	15	红茶	hóngchá	紅茶	2
嗨	hāi	挨拶に用いられる	14	红烧肉	hóngshāoròu	豚バラの醤油煮	18
还可以	hái kěyǐ	まあまあ	3	后	hòu	（名詞・数量詞の後に用いる）～後	21
海纳百川	hǎinà bǎichuān	海は百の川を納めるから、海になる。	25	后来	hòulái	その後	24
海派文化	Hǎipài wénhuà	上海の都市文化	25	喉咙	hóulóng	のど	20
还是	háishi	それとも	8	话	huà	言葉；話	20
还有	háiyǒu	それから；そして	19	画画儿	huà huàr	絵を描く	12
寒山寺	Hánshānsì	寒山寺（唐詩に詠われた名刹）	19	黄金周	huángjīnzhōu	ゴールデンウイーク	19
汉语	Hànyǔ	中国語	3	欢迎	huānyíng	歓迎する	13
汉语课	Hànyǔkè	中国語の授業	3	会	huì	～できる	9
好	hǎo	良い	11	会	huì	～だろう；～のはずだ	16
好吃	hǎochī	（食べ物が）おいしい	21	回	huí	返事する	24
好好儿	hǎohāor	十分に	11	回家	huí jiā	家に帰る	6
好喝	hǎohē	（飲み物が）おいしい	21	回答	huídá	回答する	9
好看	hǎokàn	（目で見て）綺麗だ；美しい	15	回到	huídào	帰る	22
好像	hǎoxiàng	（まるで）～のようだ	14	回信	huí xìn	返事を出す	24
好友	hǎoyǒu	親友	13	馄饨	húntun	ワンタン	9
和	hé	と	5	馄饨皮	húntunpí	ワンタンの皮	25
喝	hē	飲む	6	或者	huòzhě	あるいは	18

J

挤	jǐ	押しのける；詰め込む	22	借	jiè	借りる；貸す	11
急	jí	焦る	22	节目	jiémù	番組	9
几	jǐ	いくつ	4	节日	jiérì	祝日	25
家	jiā	家	5	介绍	jièshào	紹介する	14
家	jiā	社；軒；店舗	18	机会	jīhuì	機会	25

167

价格	jiàgé	価格	15	极了	jíle	（形容詞や動詞の後に付けて）きわめて	21
见	jiàn	会う	12	近	jìn	近い	7
件	jiàn	服などを数える量詞	4	进步	jìnbù	進歩する	25
检查	jiǎnchá	検査	20	经常	jīngcháng	いつも	15
见到	jiàndào	会う	14	进来	jìnlái	（方向補語）入ってくる	23
见面	jiànmiàn	顔を合わす；対面する	17	进一步	jìnyíbù	さらに；いっそう	20
建议	jiànyì	提案する	21	机票	jīpiào	航空券	4
叫	jiào	（料理を）注文する；届けさせる	21	就	jiù	満足度が一定の程度に達することを表す	22
叫	jiào	（名前は）～といいます。	1	酒	jiǔ	酒	9
叫	jiào	（受身文に用いて）～に～される	24	就	jiù	すぐ；じきに	11
叫	jiào	～させる（使役を表す）	24	久	jiǔ	（時間が）長い	12
教	jiāo	教える	9	纠正	jiūzhèng	矯正する	25
交流	jiāoliú	交流する	23	吉祥如意	jíxiáng rúyì	縁起がよい	25
教室	jiàoshì	教室	3	句	jù	文を数える量詞	19
饺子	jiǎozi	餃子	9	觉得	juéde	～のような気がする	18
家务	jiāwù	家事	10	决定	juédìng	（～することに）決める	17

K

咖啡	kāfēi	コーヒー	2	课本	kèběn	テキスト	2
咖啡馆	kāfēiguǎn	カフェ	6	可能	kěnéng	たぶん	20
开	kāi	（電源を）入れる	14	可是	kěshì	しかし；でも	13
进	kāi	入る	23	客厅	kètīng	客間	25
开车	kāi chē	車を運転する	6	课文	kèwén	教科書の本文	10
开始	kāishǐ	始める	20	可以	kěyǐ	～できる（可能・許可を表す）	9
看	kàn	見る	6	空	kòng	暇	17
看病	kàn bìng	診察する	7	空调	kōngtiáo	エアコン	4
看到	kàndào	見える	16	夸	kuā	褒める	25
康复	kāngfù	快復する	20	快	kuài	（スピードが）速い	14
考试	kǎoshì	試験	11	快	kuài	早く；急いで	19
课	kè	授業	3	快递	kuàidì	宅配便	14
刻	kè	15分	7	裤子	kùzi	ズボン	4

L

垃圾	lājī	ゴミ	16	厉害	lìhai	すごい（相手を褒める意味で使う）	25
老师	lǎoshī	先生	1	离开	líkāi	離れる	24
了	le	動詞の後ろに置いて完了・実現を表す	10	厘米	límǐ	センチ	12
了	le	終わる；える（可能補語：～きれる；～できる）	20	铃木翼	Língmù Yì	〈人名〉鈴木翼	1
了	le	～した；～になった	11	力气	lìqi	力	20
累	lèi	疲れている	22	例如	lìrú	たとえば	19
冷	lěng	寒い	3	流利	liúlì	流暢だ	24
离	lí	～から（距離を表す）	7	流行	liúxíng	流行っている	12
里	lǐ	中	5	留学生	liúxuésheng	留学生	13
李亦婷	Lǐ Yìtíng	〈人名〉李亦婷	13	路上	lù shang	道中；途中	24

168

两	liǎng	2（量詞の前に使う）	4	路线图	lùxiàn tú	路線図	22
练习	liànxí	練習する	12	旅游	lǚyóu	旅行する	15
联系	liánxì	連絡する	24	旅游景点	lǚyóu jǐngdiǎn	観光地	23
了不起	liǎobuqǐ	すばらしい	10				

M

吗	ma	～か（文末に付く軽い疑問の助詞）	2	们	men	～たち	1
买	mǎi	買う	6	门口	ménkǒu	入り口；門口	23
忙	máng	忙しい	3	米	mǐ	メートル	9
毛衣	máoyī	セーター	4	面包	miànbāo	パン	5
马上	mǎshàng	すぐに	15	明白	míngbai	分かる	23
没	méi	～しなかった；していない	11	名胜古迹	míngshèng gǔjì	名所旧跡	19
没	méi	ない	5	明天	míngtiān	明日	14
每天	měitiān	毎日	7	名字	míngzi	名前	1

N

拿	ná	（手などで）持つ；取る	14	呢	ne	～は？	1
那	nà	その；あの	2	能	néng	～できる	9
那	nà	それでは	11	你	nǐ	あなた（二人称）	1
那里	nàlǐ	そこ；あそこ	7	年级	niánjí	～年生；～年次	13
哪里	nǎlǐ	どこ	2	年轻人	niánqīngrén	若者	16
哪里，哪里	Nǎlǐ, nǎlǐ.	どういたしまして	10	年夜饭	niányèfàn	年越しの食事	25
难	nán	難しい	3	您	nín	あなた（二人称の敬称）	1
南方	nánfāng	（長江流域およびそれ以南の地域を指し）華南地方	25	牛奶	niúnǎi	ミルク	2
呢	ne	状態の持続を表す	8	暖和	nuǎnhuo	暖かい	3
呢	ne	～よ	15				

P

爬	pá	登る	10	便宜	piányi	安い	8
拍照	pāi zhào	写真を撮る	9	啤酒	píjiǔ	ビール	18
牌子	páizi	ブランド	16	苹果	píngguǒ	リンゴ	4
旁边	pángbiān	そば	5	评论	pínglùn	コメント	16
跑	pǎo	走る	23	平时	píngshí	普段	14
跑步	pǎo bù	駆け足をする；ジョギングをする	11	平台	píngtái	プラットフォーム	15
朋友	péngyou	友達	3	普洱茶	Pǔěrchá	プーアル（茶）	25

Q

骑	qí	（自転車などに）乗る	9	青菜	qīngcài	チンゲン菜	25
铅笔	qiānbǐ	鉛筆	2	情况	qíngkuàng	情況；様子	24
前天	qiántiān	一昨日	24	请问	qǐngwèn	お伺いしますが	1
起床	qǐchuáng	起きる	7	去	qù	行く	6
起飞	qǐfēi	離陸する	19	全	quán	すべて	14
请	qǐng	（文頭に置いて依頼表現を作る）お願いする；頼む	22	全家	quánjiā	家族全員	25
请	qǐng	～をしてください	18	全身	quánshēn	全身	20
请多关照。	Qǐng duō guānzhào.	どうぞよろしくお願いします。	1	确认	quèrèn	確認する	17

请客	qǐng kè	おごる；客を招待する	12				

请客	qǐng kè	おごる；客を招待する	12	认识	rènshi	知り合う	13
让	ràng	～させる（使役を表す）	22	日本	Rìběn	日本	3
让	ràng	（受身文に用いて）～に～される	24	日本人	Rìběnrén	日本人	2
然后	ránhòu	それから	10	日语	Rìyǔ	日本語	9
热	rè	暑い	12	如果	rúguǒ	もし；もし～なら	14
扔	rēng	捨てる	16				

伞	sǎn	傘	4	苏杭	Sūháng	〈地名〉蘇州と杭州	19
扫	sǎo	スキャンする	18	随便	suíbiàn	気ままに；随意にする	25
司机	sījī	運転手	23	虽然～但是…	suīrán～dànshì...	～ではあるけれども…	20
死了	sǐle	（形容詞や動詞の後に用い）程度が甚だしいことを表す	21	所以	suǒyǐ	だから	11
送	sòng	送る	24	宿舍	sùshè	宿舎	21
送到	sòngdào	届ける；届く	14	苏州	Sūzhōu	〈地名〉蘇州	19

沙发	shāfā	ソファー	5	事情	shìqing	こと；用事	4
山	shān	山	10	时尚	shíshàng	お洒落	25
上	shàng	上	5	食堂	shítáng	食堂	5
上课	shàng kè	授業に出る	7	实体店	shítǐ diàn	（ネットショップに対して）実店舗	16
上网	shàng wǎng	インターネットをする	6	实物	shíwù	実物	16
商店	shāngdiàn	商店	6	狮子林	Shīzilín	獅子林（世界遺産の庭園）	19
上个月	shànggeyuè	先月	16	首	shǒu	歌などを数える量詞	9
上海	Shànghǎi	〈地名〉上海	13	手	shǒu	手	14
上海饭店	Shànghǎi fàndiàn	上海飯店	17	收	shōu	収める；受け取る	22
上海菜	Shànghǎicài	上海料理	18	手机	shǒujī	携帯電話	4
上海人	Shànghǎirén	上海人	2	手机店	shǒujī diàn	携帯ショップ	24
商品	shāngpǐn	商品	15	收拾	shōushi	片付ける	10
上午	shàngwǔ	午前	17	书	shū	本	6
少	shǎo	少ない	25	摔坏	shuāihuài	落ちて壊れる	24
谁	shéi	誰	1	鼠标	shǔbiāo	マウス	4
什么	shénme	何	1	书店	shūdiàn	書店	5
什么样	shénmeyàng	どんな	8	舒服	shūfu	快適である	20
是	shì	～は～である。	2	水	shuǐ	水	20
是啊。	Shì a.	（相手の言葉に相づちを打つ場合）ええ，そうです。	13	睡觉	shuì jiào	寝る	6
是吗	Shì ma	そうですか。	8	水果	shuǐguǒ	果物	3
是～的	shì～de	～のだ	13	书名	shūmíng	書名	22
试穿	shìchuān	試着する	16	说	shuō	話す	9
是的	Shìde.	そうです。	2	说法	shuōfǎ	言い方	16
时候	shíhou	とき；時期	16	熟悉	shúxi	よく知っている	22
时间	shíjiān	時間	10				

T

T恤衫	T xùshān	Tシャツ	8
他	tā	彼（三人称）	1
她	tā	彼女（三人称）	1
它	tā	それ（三人称）	1
台	tái	機械などを数える量詞	4
太…了。	tài …le	〜すぎる	3
弹	tán	弾く；演奏する	9
躺	tǎng	横になる	20
汤圆	tāngyuán	白玉団子（中国の伝統的な食べ物の1つ）	25
套	tào	スーツや切手などを数える量詞	4
淘宝	Táobǎo	タオバオ	15
特别	tèbié	特別である	18
疼	téng	痛い	20
特色	tèsè	特色	25

踢	tī	ける	11
天堂	tiāntáng	天国	19
条	tiáo	ズボンなどを数える量詞	4
跳舞	tiào wǔ	踊る	9
提供	tígōng	提供する	23
听	tīng	聞く	8
停	tíng	止まる；駐車する	23
听说	tīngshuō	〜と聞いている；〜だそうだ	19
体验	tǐyàn	体験する	25
同学	tóngxué	クラスメート	3
头疼	tóuténg	頭痛	20
团圆	tuányuán	団らんする	25
推荐	tuījiàn	薦める	18
图书馆	túshūguǎn	図書館	6

W

外国	wàiguó	外国	13
外卖	wàimài	フードデリバリー	21
玩	wán	遊ぶ	19
完	wán	〜し終わる（結果補語）	19
晚	wǎn	遅い	7
晚饭	wǎnfàn	夕食	7
忘	wàng	忘れる	24
网	wǎng	インターネット	5
网店	wǎngdiàn	オンラインショップ	16
网购	wǎnggòu	インターネットショッピング	14
网球	wǎngqiú	テニス	11
网约车	wǎngyuē chē	オンライン配車	23

网站	wǎngzhàn	ウェブサイト	15
晚上	wǎnshang	夜	1
喂	wèi	（電話をかける時）もしもし	17
味道	wèidào	味	12
围巾	wéijīn	襟巻き；マフラー	15
微信	Wēixìn	WeChat（中国のSNS）	13
问	wèn	聞く；尋ねる	15
文化	wénhuà	文化	25
文汇路	Wénhuìlù	〈地名〉文滙路	15
问题	wèntí	問題	9
我	wǒ	私（一人称）	1
午饭	wǔfàn	昼ごはん	17

X

系	xì	学部	13
洗	xǐ	洗う	7
下次	xiàcì	次回	22
下单	xiàdān	注文する	14
下来	xiàlai	（方向補語）上から下に移動してくる	23
先	xiān	まず；先に	10
想	xiǎng	〜したいと思う	6
香菇	xiānggū	椎茸	25
橡皮	xiàngpí	消しゴム	4
先进	xiānjìn	先進的	25
现在	xiànzài	現在	8
小吃	xiǎochī	軽食	25

喜欢	xǐhuan	好きだ	12
详情	xiángqíng	（領収書などの）内訳	23
信	xìn	手紙	19
新	xīn	新しい	3
行	xíng	よろしい	16
姓	xìng	（名字は）〜といいます。	1
新干线	xīngànxiàn	新幹線	6
信号	xìnhào	信号	17
新年	xīnnián	新年	25
新闻	xīnwén	ニュース	10
熊猫	xióngmāo	パンダ	12
习俗	xísú	（民間や社会の）習俗；風俗習慣	25

171

小笼包	xiǎolóngbāo	小籠包	12
小时	xiǎoshí	時間	10
小说	xiǎoshuō	小説	9
小心	xiǎoxīn	気を付ける	24
夏天	xiàtiān	夏	12
下午	xiàwǔ	午後	1
下雨	xiàyǔ	雨が降る	16
下载	xiàzǎi	ダウンロードする	13
写	xiě	書く	7
鞋子	xiézi	靴	6
习惯	xíguàn	慣れる	25

Y

验血	yànxiě	血液検査をする	20
谚语	yànyǔ	ことわざ	19
严重	yánzhòng	厳しい；甚だしい	11
药	yào	薬	11
要	yào	～したい；～するつもりである（意志を表す）	18
要～了。	yào~le.	もうまもなく～する。	19
邀请	yāoqǐng	招く；招待する	25
要是～就…	yàoshi~jiù…	もしも～ならば，…	21
也	yě	も	2
椰奶	yēnǎi	ココナツミルク	18
咦	yí	おや（疑問表現を伴い，驚きを表す）	14
一铺养三代	yí pù yǎng sān dài	1 店舗は 3 世代を養える	16
一天	yì tiān	一日	20
一～就…	yī~jiù…	～すると（すぐに）…	22
一边～一边…	yìbiān~yìbiān…	～しながら…する	25
一点儿	yìdiǎnr	少し	9
一定	yídìng	きっと	18
衣服	yīfu	服	6
一共	yígòng	全部で	21
一会儿	yíhuìr	しばらくの時間	10
已经	yǐjīng	もう；すでに	13
应该	yīnggāi	～すべきである	23
英语	Yīngyǔ	英語	3
银行	yínháng	銀行	5
引起	yǐnqǐ	引き起こす	20
因为	yīnwèi	～のために	16
音乐	yīnyuè	音楽	8
音乐会	yīnyuèhuì	コンサート	12
一起	yìqǐ	一緒に	12

修	xiū	修理する	24
休息	xiūxi	休む；休憩する	11
希望	xīwàng	願う	20
西装	xīzhuāng	スーツ	4
选	xuǎn	選ぶ	16
选择	xuǎnzé	選択	16
学	xué	学ぶ	6
学生	xuésheng	学生	13
学习	xuéxí	学習する	7
学校	xuéxiào	学校	5
需要	xūyào	必要とする	7
以前	yǐqián	以前	16
医生	yīshēng	医者	11
一下	yíxià	ちょっと～する	11
一样	yíyàng	同じ	12
医院	yīyuàn	病院	5
一直	yìzhí	ずっと	24
椅子	yǐzi	椅子	4
用	yòng	用いる	6
用不了	yòngbuliǎo	使えない	24
又	yòu	また	17
游	yóu	泳ぐ	9
有	yǒu	持っている	4
有	yǒu	ある；いる	5
有意思	yǒu yìsi	面白い	22
又～又…	yòu~yòu…	～でもあり，また…でもある	14
有点儿	yǒudiǎnr	ちょっと；少し	3
邮件	yóujiàn	メール	12
邮局	yóujú	郵便局	5
有名	yǒumíng	有名である	19
邮票	yóupiào	切手	4
游泳	yóuyǒng	水泳をする	9
鱼	yú	魚	4
原来	yuánlái	～だったのか	18
园林建筑	yuánlín jiànzhù	庭園建築	19
越～越…	yuè~yuè…	～すればするほど…；ますます～だ	22
愉快	yúkuài	愉快である；嬉しい	25
于是	yúshì	それで；そして（時間的な前後関係や因果関係を表す）	15
豫园	Yùyuán	豫園（地名）	23
预约	yùyuē	予約する	23

Z

再	zài	再び	14
在	zài	ある；いる	5
自行车	zìxíngchē	自転車	9
总是	zǒngshì	いつも	25

在	zài	〜しているところだ	8
早饭	zǎofàn	朝食	7
早日	zǎorì	一日も早く；早く	20
早上	zǎoshang	朝	1
杂志	zázhì	雑誌	4
怎么	zěnme	どのように；なぜ	11
怎么样	zěnmeyàng	（相手に意見を尋ねる）いかがか；どうか。	3
资料	zīliào	資料	6
自行车	zìxíngchē	自転車	9

Zh

站	zhàn	立つ	25
张	zhāng	チケットやベッドを数える量詞	4
张思维	Zhāng Sīwéi	〈人名〉張思維	1
账单	zhàngdān	請求書	23
找	zhǎo	探す	15
着	zhe	（動作の後に置き）持続を表す	14
这	zhè	この	2
这么	zhème	こんなに；そんなに	7
真	zhēn	本当に	10
真的吗?	zhēnde ma?	本当ですか。	14
正在	zhèngzài	ちょうど〜しているところだ（進行を表す）	8
症状	zhèngzhuàng	症状	20
正宗	zhèngzōng	本場の；本格の	18
珍珠奶茶	zhēnzhū nǎichá	タピオカミルクティー	12
只	zhǐ	ただ	7
知道	zhīdao	知っている	15
支付	zhīfù	支払う；支給する	16

足球	zúqiú	サッカー	11
最	zuì	最も	19
最近	zuìjìn	最近	3
坐	zuò	（乗り物に）乗る；座る	6
做	zuò	する；作る	9
座	zuò	（山やビルなど）大型のものや固定したものを数える量詞	25
昨天	zuótiān	昨日	11
作业	zuòyè	宿題	3
左右	zuǒyòu	ぐらい；前後	17
支付宝	Zhīfùbǎo	アリペイ	23
只要〜就…	zhǐyào〜jiù…	〜しさえすれば…	16
纸质	zhǐzhì	紙	23
重	zhòng	重い	14
中国	Zhōngguó	中国	3
中国菜	Zhōngguócài	中華料理	6
中国人	Zhōngguórén	中国人	2
中文歌	Zhōngwéngē	中国語の歌	8
中午	zhōngwǔ	昼	18
重要	zhòngyào	重要である；大切である	25
周末	zhōumò	週末	6
住	zhù	住む（住在 zhùzài〜に住む）	17
专卖店	zhuānmàidiàn	専門店	15
准备	zhǔnbèi	準備する	22
拙政园	Zhuōzhèngyuán	拙政園（中国四大名園の一つ）	19
桌子	zhuōzi	机	4
猪肉	zhūròu	豚肉	25

中国音節表

子音＼母音	介音なし a	o	e	-i	er	ai	ei	ao	ou	an	en	ang	eng	-ong	介音i i	ia	iao	ie	iou	ian	in	iang	ing	iong	介音u u	ua	uo	uai	uei	uan	uen	uang	ueng	介音ü ü	üe	üan	ün
ゼロ	a	o	e		er	ai	ei	ao	ou	an	en	ang	eng		yi	ya	yao	ye	you	yan	yin	yang	ying	yong	wu	wa	wo	wai	wei	wan	wen	wang	weng	yu	yue	yuan	yun
b	ba	bo				bai	bei	bao		ban	ben	bang	beng		bi		biao	bie		bian	bin		bing		bu												
p	pa	po				pai	pei	pao	pou	pan	pen	pang	peng		pi		piao	pie		pian	pin		ping		pu												
m	ma	mo	me			mai	mei	mao	mou	man	men	mang	meng		mi		miao	mie	miu	mian	min		ming		mu												
f	fa	fo					fei		fou	fan	fen	fang	feng												fu												
d	da		de			dai	dei	dao	dou	dan	den	dang	deng	dong	di		diao	die	diu	dian			ding		du		duo		dui	duan	dun						
t	ta		te			tai		tao	tou	tan		tang	teng	tong	ti		tiao	tie		tian			ting		tu		tuo		tui	tuan	tun						
n	na		ne			nai	nei	nao	nou	nan	nen	nang	neng	nong	ni		niao	nie	niu	nian	nin	niang	ning		nu		nuo			nuan				nü	nüe		
l	la		le			lai	lei	lao	lou	lan		lang	leng	long	li	lia	liao	lie	liu	lian	lin	liang	ling		lu		luo			luan	lun			lü	lüe		
g	ga		ge			gai	gei	gao	gou	gan	gen	gang	geng	gong											gu	gua	guo	guai	gui	guan	gun	guang					
k	ka		ke			kai	kei	kao	kou	kan	ken	kang	keng	kong											ku	kua	kuo	kuai	kui	kuan	kun	kuang					
h	ha		he			hai	hei	hao	hou	han	hen	hang	heng	hong											hu	hua	huo	huai	hui	huan	hun	huang					
j															ji	jia	jiao	jie	jiu	jian	jin	jiang	jing	jiong										ju	jue	juan	jun
q															qi	qia	qiao	qie	qiu	qian	qin	qiang	qing	qiong										qu	que	quan	qun
x															xi	xia	xiao	xie	xiu	xian	xin	xiang	xing	xiong										xu	xue	xuan	xun
zh	zha		zhe	zhi		zhai	zhei	zhao	zhou	zhan	zhen	zhang	zheng	zhong											zhu	zhua	zhuo	zhuai	zhui	zhuan	zhun	zhuang					
ch	cha		che	chi		chai		chao	chou	chan	chen	chang	cheng	chong											chu	chua	chuo	chuai	chui	chuan	chun	chuang					
sh	sha		she	shi		shai	shei	shao	shou	shan	shen	shang	sheng												shu	shua	shuo	shuai	shui	shuan	shun	shuang					
r			re	ri				rao	rou	ran	ren	rang	reng	rong											ru	rua	ruo		rui	ruan	run						
z	za		ze	zi		zai	zei	zao	zou	zan	zen	zang	zeng	zong											zu		zuo		zui	zuan	zun						
c	ca		ce	ci		cai		cao	cou	can	cen	cang	ceng	cong											cu		cuo		cui	cuan	cun						
s	sa		se	si		sai		sao	sou	san	sen	sang	seng	song											su		suo		sui	suan	sun						

注：ゼロと□は母音のみの音節を指す。

［著者紹介］

張婧禕（ちょう せいい）

2016 年名古屋大学大学院国際言語文化研究科（現、人文学研究科）博士後期課程修了
宮崎大学・講師
E-mail: jingyizhang@cc.miyazaki-u.ac.jp
心理言語学、第 2 言語習得（特に、日本語と中国語の習得）が専門。現在、中国語、日本語、トンガ語を主要な対象とした言語処理の実証的研究を行っている。*Frontiers in Psychology*、*Quarterly Journal of Experimental Psychology*、『中国語教育』、『計量国語学』、『日中言語対照研究論集』、『日本教科教育学会誌』などに学術論文を掲載。

玉岡賀津雄（たまおか かつお）

1990 年カナダのサスカチュワン大学大学院博士課程修了
上海大学外国語学院・教授
名古屋大学大学院人文学研究科・名誉教授
E-mail: ktamaoka@gc4.so-net.ne.jp
母語話者および外国語学習者を対象に、音韻処理、語彙の音韻・書字・意味・統語情報、句および文構造、談話の認知処理、コーパス解析など広範囲の研究を行っている。*Journal of Applied Linguistics*、*Journal of Neurolinguistics*、*Quarterly Journal of Experimental Psychology*、*Language and Speech*、*Journal of Quantitative Linguistics*、*Journal of Psycholinguistic Research*、*PLoS ONE*、*Frontiers in Psychology*、*Journal of East Asian Linguistics*、『言語研究』、『心理学研究』などに筆頭論文を掲載。また、書籍『決定木分析による言語研究』（くろしお出版）を 2023 年に出版。

王莉莎（おう りさ）

2005 年名城大学大学院法学研究科博士課程修了
名城大学中国語非常勤講師
E-mail: sunward-lisa@voice.ocn.ne.jp
「中国における知的財産権保護の理論と実態」などを研究。
中国進出大手企業の PR ビデオ、中国語の教科書のナレーションに携わり、ナレーターとしての実績経験が豊富。

新　ネット時代の中国語

Chinese Language in the Internet Era, New Edition

Jingyi ZHANG, Katsuo TAMAOKA and Lisha WANG

発行	2024 年 3 月 29 日　初版 1 刷
	（2021 年 3 月 9 日　ネット時代の中国語　初版 1 刷）
定価	2400 円＋税
著者	ⓒ 張婧禕・玉岡賀津雄・王莉莎
発行者	松本功
装丁者	杉枝友香（asahi edigraphy）
印刷・製本所	株式会社 シナノ
発行所	株式会社 ひつじ書房
	〒 112-0011 東京都文京区千石 2-1-2　大和ビル 2 階
	Tel.03-5319-4916　Fax.03-5319-4917
	郵便振替 00120-8-142852
	toiawase@hituzi.co.jp　https://www.hituzi.co.jp/

ISBN978-4-8234-1246-2